KB195671

정문부 평전

일러두기

1. 이 책에 실린 사진 중 따로 출처 표시가 없는 사진은 저자가 직접 촬영한 것입니다.

2. 인물 등의 나이 표시는 새로 바뀐 나이인 만 나이로 표시하였습니다.

3. 이 책의 날짜는 음력으로 표기되어 있습니다.

4. 인용문은 대체로 기존 번역문을 그대로 전재했으나 일부 이해가 쉽게 저자가 조금 수정한 부분도 있습니다.

5. 책, 소설집, 시문집, 실록, 지리지, 학술지, 잡지 등은 『 』논문 등은 「 」시, 그림, 노래, 신문, 잡지 기사 등은〈 〉로 표기했습니다.

6. 이 책은 정문부 장군의 북관대첩에 비중을 두어 임진왜란의 배경, 전개 과정 등은 간단하게 서술하였습니다.

7. 정문부 장군과 마찬가지로 함경도를 배경으로 한 이순신 장군의 승전지인 녹둔도와 우리 문화재 반환과 관련해서 필자의 개인적인 관심과 경험 그리고 생각들을 정리한 내용을 녹둔도, 호류지의 백제관음불상이란 제목으로 부록 2에 담았습니다.

정문부 평전

우리가 잃어버린 구국의 영웅 충의공

정한기 지음

메디치

역사는 과거라는 아득한 어둠 속에 묻혀 있다. 그래서 누군가가 현재라는 빛으로 꺼내주지 않으면 그대로 시간 속으로 사라지고 만다. 하지만 사라졌다고 어찌 역사가 없으랴. 찬란하고 위대했던 역사는 존재하고, 그것을 누군가가 반드시 현재로 꺼내줘야 빛을 본다.

이런 맥락에서 정한기 선생님이 쓰신 『정문부 평전』은 어둠 속에 사라져 가고 있던 정문부 장군이라는 찬란하고 위대한 역사를 현재로 꺼내어 빛을 보게 한 작품이다. 책에서 여러 차례 밝히듯이 정문부 장군의 명성은 대단했다. 하지만 남북분단의 현실, 북관대첩비의 반출 등 여러 좋지 못한 상황에 엮어서 현재에는 상당히 잊힌 상태였다. 그러나 그대로 잊히기에는 안타까운 인물이었고, 누군가가 장군의 전체 인생과 위업을 정리해주는 작업이 반드시 필요했다.

그 작업이 바로 정한기 선생님의 이 책이다. 그 누구라도 이 책만 읽으면 정문부 장군의 인생과 업적을 이해할 수 있다. 또 나아가 그 이후 정문부 장군이 왜 점점 역사에서 잊히는지, 그리고 그게 지금은 어떤 흔적으로 남아 있는지까지 다루고 있다. 단순히 정문부 장군에게만 초점을 맞춘 것이 아니라 그 이후의 정문부 장군에 대한 '기억의 역사'가 어떻게 진행되었는지까지 다루고 있는 역작이다.

나는 경기도 남양주시 별내면 청학리에 거주하고, 또 근처에서 작은 주말농장을 하는데, 그 장소가 바로 정문부 장군의 묘소가 있는 용현동이다. 그리고 한때 고궁박물관에서 근무한 적이 있어 북관대첩비를 점심시간마다 보기도 했다. 이래저래 정문부 장군에 대해 내적 친밀감이 있던 상태였는데, 우연히 이 책의 자문을 맡으면서 정문부 장군의 인생을 조망할 수 있었다. 그리고 초고를 읽으며 몇 번이나 가슴이 벅차올라 울컥했다.

잊힌 영웅, 정문부. 이를 부활시켰다는 것만으로도 이 책의 의의는 충분하리라 믿는다. 이 책을 통해 배운 것이 있다. 정문부 장군은 위대했던 한 영웅이었다는 것을, 그리고 그 영웅도 깊은 고뇌에 가득했던 한 명의 인간이었다는 것을, 그리고 그 한 명의 인간 덕분에 조선의 운명이 연장되었음을.

KAIST DHCSS 연구조교수 김근하

김근하

서강대학교 사학과 문학박사, KAIST DHCSS(디지털인문사회과학센터) 연구조교수 (2024년~), 서강대학교 디지털역사연구소 선임연구원, 공군사관학교·서강대학교 강사.

주요 연구 분야: 조선 시대 군사제도, 사회경제제도, 한중관계사 등

박사학위 논문: 「조선 전기 대립(代立)의 전개와 군역 수행 비용의 표준화」

기타 연구: 조선 성종대 대립(代立)의 일면−정성근 탄핵 사건을 중심으로(2017), 정축약조의 성격과 현종대 안추원 사건(2016)

역사의 뒤안길에 묻히고 잊혀가던 북방의 영웅, 함경도 천 리 땅을 누비며 나라를 지킨 조선의 위대한 명장(名將) 충의공 정문부 장군의 숭고한 삶을 깊이 있게 분석하고 충절과 용맹의 상징인 위대한 북관대첩(北關大捷) 전쟁사(戰爭史)를 역사적 사실에 기반하여 아름다운 문장으로 표현해낸 『정문부 평전』은 우리 민족의 자긍심을 일깨우는 소중한 유산이 될 것입니다. 장엄한 역사의 페이지를 펼쳐 보이며 우리에게 감동과 값진 역사적 교훈을 전해 주신 정한기 작가님의 열정과 노고에 깊은 존경과 감사의 마음을 전하며 역사적인 책의 출판을 진심으로 축하합니다.

단순한 역사적 기록을 넘어, 농포(農圃) 정문부 장군의 전기와 백성의 고통을 덜어주기 위해 노력한 애민정신의 실천과 나라를 위기에서 구한 구국 영웅의 박진감 넘치는 이야기들을 담은 이 책은, 많은 독자에게 역사적 사실에 대한 깊은 이해와 함께 짜릿한 감동과 즐거움을 느끼게 할 것입니다.

정문부 장군은 임진왜란(1592~1598)이라는 국난 속에서 함경도 길주를 거점으로 의병을 일으키고 훈련되지 않은 관북 의병군의 불리한 여건 속에서 용맹함과 신출귀몰(神出鬼沒)한 지략으로 왜군을 6전 6승으로 크게 무찌르며, 조선의 자존심을 지킨 위대한 전쟁 영웅입니다. 그분은 함경도 지역 토호 세력 반란군도 제압했고, 북방 오랑캐(여진족)도 몰아내어 3란(왜란·호란·내란)을 평정하고, 함경도 육진의 국토를 우리 영토로 회복(回復)시킨 불굴의 의지와 애국심으로 나라를 지킨 북방의 거목이었습니다.

역사 기록은 단순히 과거를 기억하는 것을 넘어 현재를 이해하고 미래를 예측하며 설계하는 중요한 작업으로, 격동의 시대를 살아가는 우리에게 연대순으로 잘 정리된 북방의 영웅 정문부 장군 일생의 이야기를 담은 책이 세상에 나오게 되어 매우 감격스럽습니다. 이 역사적인 책에서 장군이 보여주신 용기와 충의정신은 독자들에게 감동과 함께 큰 교훈을 전해줍니다. 그분의 용맹은 우리에게 어려운 시대를 극복할 힘을 주고, 그분의 충절은 공동체를 위해 헌신하는 정신을 일깨워줍니다.

좋은 책 한 권은 우리의 삶을 풍요롭게 합니다. 정한기 선생의 저술은 사실적인 기사를 바탕으로 편집되어 읽을수록 소설보다 더한 재미를 느끼게 될 것이며, 역사에 대한 깊은 이해와 함께 인생의 지혜도 선물 받을 것입니다. 올해로 정문부 장군의 서거 400년이라는 긴 세월이 흘렀지만, 장군의 나라 사랑 정신은 여전히 우리 곁에 있습니다. 한 편의 드라마 같은 문무(文武)를 겸한 장군의 삶을 본받고, 우리 스스로를 돌아보면서 더 나은 미래를 위한 용기와 장군의 충의정신(忠義精神)이 전 국민에게 널리 알려지고, 후세까지 영원히 계승되기를 바랍니다. 이 책이 많은 사람에게 감동을 주고 나라 사랑 정신을 확산시키는 계기가 되기를 진심으로 기원합니다.

　이 책을 통해 정문부 장군의 충성과 나라 사랑의 정신이 독자 여러분의 마음속에 깊이 새겨지고, 오늘을 사는 우리가 그의 숭고한 뜻을 이어받아 더 큰 사랑과 헌신으로 이 나라를 빛내는 데 작은 밑거름이 되기를 소망합니다.

　북한 지역의 육전에서 계속 승전한 의병 활동이 국토분단으로 우리나라 국민에게 알려지지 못한 안타까움을 해결하고, 장군의 숭고한 정신을 우리 사회 곳곳에 다시 피우기 위해 노력하신 집필자 정한기 선생께 다시 한번 후손을 대표하여 축하와 감사를 드리며, 대종친회 회장을 맡고 있는 시점에 간행되니 더욱 감격스러움을 금할 수 없어서 기쁜 마음으로 축사에 갈음합니다. 감사합니다.

2024년 11월 29일
해주정씨대종친회 회장 정기승

정문부 평전

忠毅公農圃鄭先生文孚之像

石川尹汝燦謹寫

정문부 장군 표준 영정 (출처: 가호서원 충의사 홈페이지)

충의공(忠毅公) 정문부(鄭文孚) 장군에 대한 기록을 남기면서

내가 처음으로 정문부 장군에 대해 관심을 가지게 된 것은 1973년 고등학교 3학년 즈음이다. TV에서 〈역사의 향기〉 같은 프로그램에서 진주(晉州) 남강댐 수몰로 정문부 장군 관련 시설을 옮기게 되었다는 내용을 보게 된 것이 계기가 되었다.

기억이 정확하지는 않지만, 방송 말미에 그 당시 동국대 남도영 교수라는 분이 "정문부 장군은 우리가 남북통일이 되어 있었으면 오늘날 이순신 장군만큼 추앙을 받으실 분인데 그러지 못해 안타깝고, 이런 것을 보더라도 하루빨리 통일이 되어야겠다"라고 이야기를 했던 것이 머리에 남았다. 나는 당시 이 말에 굉장히 큰 충격을 받았다. 그 당시 시대 배경으로는 1972년 유신으로 '통일'과 같은 용어를 사용하면 빨갱이로 취급되었고 학교에서 소풍을 가더라도 교련복을 입고 단체로 줄을 맞춰 구호와 교가를 부르며 시내를 행진하여 이동하던 시절이었기 때문이다.

또한, 이순신 장군을 구국의 영웅으로 대대적으로 선양 추모하는 시대였다. 이런 시기에 방송에서 이런 과감한 발언이 나오는 것이 놀라웠다. 그리고 한창 감수성이 예민한 시절에 '내가 배운 역사가 전부이고 진실인 줄 알았는데 완전하지 않은 것인가?'라고 의문을 가지게 되었다. 그때부터 정문부 장군에 대한 관심을 계속 가지고 있다가 더 늦기 전에 요즘의 젊은 세대에게 이순신 장군뿐만 아니라 구국의 영웅이 또 한 분 있었다는 것을 알리고 싶어 이 기록을 남기게 되었다.

산세가 험한 바위산에는 산 이름에 '악(岳)' 자가 많이 들어간다. 경기 오악(五岳)이라고 하여 예부터 경기도에는 5개의 험한 산이 있다. 사람들에게 경기 오악이 어디 어디냐고 물어보면 3~4개까지는 정답을 맞히다가 나머지 1개에서 막히는 경우를 자주 보게 된다. 나머지 1개에서 정답을 말하면 다양한 반응을 보인다.

경기 오악은 파주의 감악산, 포천의 운악산, 과천의 관악산, 가평의 화악산 그리고 개성의 송악산이다. 화악산까지 맞추고 나서 나머지 1개는 대답을 못 하다가 개성의 송악산이라고 하면 순간 머뭇거리는 표정을 보이곤 한다. 개성의 송악산은 현재 북한에 있기 때문이다. 어떤 분은 송악산은 황해도에 있다고 우기기도 한다. 이는 오랫동안 남북의 분단으로 인해 우리의 사고도 역사적·지리적·공간적 영역이 한반도 남쪽에만 있었기 때문이라 본다.

문재인 전 대통령이 몇 년 전에 "버킷리스트 중에 '개마고원에서 텐트를 치고 1박하고 싶다'는 바람이 있다"라고 말했다는 기사를 본 기억이 있다. 순간 오랫동안 잊고 살았던, 상상 속에서만 그려보았던 개마고원이라는 단어에 오랜만에 가슴 뜀을 느꼈다. 우리의 젊은이들이 한반도를 뛰어넘어 만주와 시베리아까지 역사적·지리적 사고의 영역을 확장시켜 웅대한 꿈을 꾸기를 기대해본다.

정문부 장군을 공부한다고 하니 주변에서 같은 성씨의 조상님을 공부한다고 오해를 하곤 했는데 정문부 장군은 해주 정씨며 나는 진양(진주) 정씨로 같은 종친이 아님을 밝혀둔다.

에도 시대 일본에선 모쿠소 호간(もくそほがん)이라는 괴물이 일본을 공격한다는 이야기가 유행하였다. '모쿠소'는 임진왜란에서 진주대첩을 이끈 김시민(金時敏) 장군에서 유래된 단어다. 당시 김시민 장군은 진주목사였기 때문이다.[1] 김시민 장군은 일본에겐 악몽과 같은 존재였다. 일본은 일본이 장악한 경상도 남부에서 호남으로 가려는 길목의 거점인 진주성을 치기 위해 1592년 10월 진주성에 3만 명 대군을 투입했다.

김시민 장군이 이끄는 조선군 3,000여 명은 결사항전으로 진주를 지켜내고 육로를 통해 호남으로 가려던 일본군의 계획을 저지하게 되었다. 2차 진주성 전투를 이끈 전라도 나주 출신의 김천일 장군은 "진주가 없어지면 호남 또한 없어지고 말 것이다(無晉州 無湖南)"라고 하며 진주성을 구원하기 위해 달려왔다. 1593년 이순신

---

1   김시덕, 『동아시아, 대륙과 해양이 맞서다』, 메디치미디어, 2015.

무진주무호남(진주성 임진 계사 순의비 비문 중에서)

장군은 사헌부에 보낸 편지에서 "약무호남시무국(若無湖南是無國)-호남이 없었다면 조선도 없었을 것이다"라고 하였다. 이로 인해 조선은 곡창지대인 호남 내륙을 보호하고 이순신 장군의 해군도 후방의 위협을 덜고 해전에 집중할 수 있게 되었다.

영화 〈명량〉이나 〈한산〉 등 이순신 장군에 관련된 영화나 서적이 많이 나오는 대중문화에서 이순신 장군에게만 스포트라이트가 집중되는 것이 사실이다. 임진왜란은 7년간 동아시아를 뒤흔든 국제전쟁이었다. 조명을 받을 분이 이순신 장군만 있는 것은 아니다. 정문부 장군, 김시민 장군도 시선을 넓혀 새롭게 조명받길 기대해본다.

'역사적 위인은 숭배의 대상이 아니라 연구의 대상이다'라는 생각으로 이 글을 남긴다. 역사를 전공하지 않아 여러 가지 부족한 점이 많지만, 선조들이 남긴 다양한 기록을 참고하고 틈틈이 답사한 내용을 정리하였기에 전문 역사 서적이 아닌, 요즘의 세대들이 좀 더 다가가기 쉽게 한자 사용도 최대한 줄이고 정리한 책으로 받아들여 주면 감사하겠다. 정문부 장군의 서거 400주년을 맞아 이 책이 나오게 되어 더욱더 의미가 있는 것 같다.

사실 이 책을 오랫동안 준비하면서 어려움을 겪었던 것 중 하나는 정문부 장군에 대한 자세한 연구나 자료가 생각보다 많지 않았다는 점이다. 다행히 『농포집』이 국역되어 있어서 상당히 많이 참고할 수 있었지만, 그렇다고 해서 정문부 장군에 대한 학술 연구나 콘텐츠가 다양했던 것은 아니다.

그래서 역사학계에서 장군을 어떻게 다루고 있는지 참고하려 했으나 쉬운 일은 아니었다. 또 필자가 역사학을 전공한 사람은 아니기에 이 책에 나오는 역사적 지식이 다소 오류가 있을지도 모르겠다. 독자분들께서도 이 점을 양해하고 책을 읽어주시면 고맙겠다.

책이 나오기까지 필자의 악필로 쓴 초기 원고를 컴퓨터로 다시 작업해준 아들 정현일에게 고마움을 전한다. 대학에서 사학을 전공했지만 지금은 우리나라 유수의 보안 회사에서 열심히 근무 중이다. 그리고 틈틈이 나에게 컴퓨터 조작법과 휴대폰으로 사진 찍는 법 등을 가르쳐준 같은 회사의 엄태랑 대리, 임건훈 주임에게도 고맙다는 말씀을 드린다. 또한 이 책의 감수와 추천사를 맡아준

서강대 사학과 출신인 김근하 박사에게 특별히 감사의 말씀을 전한다.

끝으로 바쁜 와중에도 축사와 조언을 아끼지 않았던 해주정씨대종친회 정기승 회장님께도 이 자리를 빌려 감사의 말씀을 드린다.

2024년 12월
마포 사무실에서 정한기

차례

7장 남으로 간 후손들

정문부장군의 발자취

은성부사
종성 • 경원
현충사
회령 • 경흥
부령 • 숭렬사

경성
창렬사 모의사
촉룡서당
명천
길주목사
마 북관대첩비
천
령 성진
단천
북청

신의주

함흥

평양

영흥부사

안변부사

철령

강릉
황산사
북관대첩비

의정부 서울 경복궁
정문부 장군 묘소 북관대첩비
북관대첩비 천안
충덕사 독립기념관
북관대첩비

공주목사

전주부윤 포항
용계정 덕동 문화 마을
남원부사

북관대첩비
진주 • 창원부사
월영대
가호서원
충의사
북관대첩비
촉석루
의암

1장

정문부 장군과 임진왜란

엄친아로 태어난 조선의 천재

북충의 남충무

소설 지리산의 작가 이병주[1] 선생은 장군을 일컬어 "이만한 시인, 이만한 영웅, 이만한 공신, 이만한 지절(志節) 높은 인물이 대중에 회자(膾炙)되지 않고 문서의 더미 속에서만 묻혀 있었을까 하는 의혹과 아쉬움이 있다"고 하였다. 또한 "다산 목민심서의 필법(筆法)으로 범례(範例)가 될 수 있는 목민관이며 해전(海戰)에서 이순신과 쌍벽을 이룰 수 있는 육전(陸戰)의 대승리자이며 지(智)와 용(勇)에 있어서 제갈량을 방불케 한 인재인 동시에 그 비극적인 생애로 인한 기막힌 드라마의 주인공이다"라고 하였다.[2]

---

1   나림(那林) 이병주(李炳注) 선생은 1921년 경남 하동 출생으로 1965년 『세대』에 〈소설 알렉산드리아〉를 발표하면서 문단에 데뷔하였다. 일본 메이지대학 문예과에서 수학하였으며 일본군 학병으로 중국 쑤저우에 끌려가기도 하였다. 광복 후 귀국한 선생은 진주농과대학(현 국립 경상대학교)와 해인대학(현 경남대학교) 교수를 거쳐 국제신보 주필로도 활동하였다. 『관부연락선』, 『지리산』, 『산하』 등 한국 문학사에 큰 획을 그은 수많은 작품을 남겼다.

2   이병주, 『길따라 발따라』, 행림출판사, 1984.

또한 "우리 역사엔 그 자질과 공훈에 있어서 응당 빛나야 할 사람이 후인들의 태만과 고루한 타세(惰勢)에 의하여 망각의 먼지에 묻혀버린 예가 수월찮게 있는데, 이 정문부야말로 새롭게 현창되어야 할 인물 가운데 하나이다"라고 하였다. 이 한 문장에 장군의 전 일생이 고스란히 다 녹아 있다.

임진왜란이라는 국난의 시기에 선비의 몸으로 의병을 일으켜 큰 공을 세우고, 붕당이 발호하는 곳에서 지조를 지켜 온갖 박해도 받았고, 굽히지 않는 강직한 성품 때문에 소인배들의 모함을 받아 억울하게 한평생을 마친 분이 정문부 장군이다. 내 한 몸

◀ 사적비 뒷면
 (가호서원 충의사 홈페이지)
▼ 사적비 앞면

보다 나라와 거레를 위해 몸 바친 분인 것이다. 이순신 장군은 호남을 지켜내 온전한 조선을 지켰고 정문부 장군은 함경도를 지켜내 조선을 유지했다. 이순신 장군은 무신으로 문무 겸비하셨고 정문부 장군은 문신으로 문무 겸비하셨다. 그래서 박정희 대통령은 "북충의 남충무"라 하였다.

또한 노산 이은상[3] 선생은 "일찍 9성을 쌓은 윤관과 6진을 둔 김종서와 농포 정공이야말로 국경수호의 3대 영웅이다"라고 하며 "임란 때 그처럼 기이한 공적을 세운 이가 극히 드물다"라고 했다.[4]

장군은 1565년 2월 19일(명종 20년)에 서울 남부 반송방 남소동 (盤松坊 南小洞)에서 탄생하였다. 남소동은 현 중구 오장동(쌍림동, 장충동) 일대로 추정된다. 정도공(貞度公) 정역(鄭易)을 시조로 두었는데, 세종대왕이 내린 제문(祭文)에 "한결같이 두터운 신망으로 4조 (四朝: 태조·정종·태종·세종)를 섬긴 인물로서 정역은 덕과 성품이 두텁고 무거우며 침착하고 웅대한 기상을 지닌 어진 신하로 나라의 기둥과 주춧돌이며 선비들의 모범이 되었다"라고 쓰여 있다.[5] 고려 말 이방원과 함께 문과에 급제하여 해주 정씨의 기틀을 세우고 조선왕조 초기 국정 운영에 참여하면서 태종과 운명적 관계를 맺게

---

3 노산(鷺山) 이은상(李殷相) 선생은 1903년 경남 마산 출생으로 연희전문학교, 일본 와세다대학 사학과를 나왔다. 이화전문학교·서울대·영남대 교수를 거쳤고, 조선어학회 사건으로 일본 경찰에 투옥되기도 했다. 『조선문단』에 꾸준히 작품 활동을 하였으며 광복 후에는 언론·학술·사학 방면의 많은 저술을 남겼다. 『노산 시조집』, 『민족의 맥박 이충무공 일대기』 등의 작품이 있고 정문부 장군에 관한 농포집을 번역하였다.

4 진주 충의사 경내 농포 정문부 선생 사적비 비문 중에서.

5 최종인, 〈정역 4조 충성 600년 후손에게 복록〉, 『월간 경제풍월』 제204호, 2016. 8.

경기도 고양시 대자리 경혜공주와 정종을 모신 충민사

된다.

정역의 딸이 이방원의 둘째 아들 효령대군과 결혼하면서 조선 왕실과 인연을 맺게 되고 손자인 정종은 단종의 누나인 경혜공주와 부부의 연을 맺는다. 정종은 단종의 복위 운동을 벌이다 능지처참의 형을 받았고 멸문지화의 위기를 겪었으나 정종의 아들 정미수가 중종반정에서 공을 세워 예전 가문의 영광을 되찾았다.

증조할아버지 정희검(鄭希儉)은 판서, 할아버지 정언각(鄭彦慤)은 참판, 아버지 정신(鄭愼)은 판서를 지냈다. 어머니는 장사랑 김흥례의 여식으로서 삼형제를 낳았는데 첫째가 정문승, 둘째가 정문부(鄭文孚), 셋째가 정문익이다. 정문부 장군의 자는 자허(子虛), 호는 농포(農圃), 본관은 해주(海州)이며 시호는 충의공(忠毅公)이다. 장군은 후에 자녀로 정대영(鄭大榮)·정대륭(鄭大隆) 형제를 두었으며, 할아버지와 아버지가 모두 문과에 급제하여 고급 관료 집안의 전통과 독서하는 분위기 속에 성장하게 되었다. 조선 시대에 문중에서 문과 급제자가 60명에 달할 정도였다.

조선 중기 전형적인 사대부 집안으로 오늘날로 치면 장군은 금수저이자 엄친아였던 것이다. 그러나 장군은 전방 함경도로 자원 근무를 희망하였고 후에 의병장으로 함경도를 수복한 '노블레스 오블리주'를 몸소 실천한 분이기도 하다. 그러나 1624년(인조 2년) 만 59세의 나이로 안타까운 최후를 맞이하게 된다.

네 살 때부터 글을 배우다

장군이 4세(1569년)가 되던 해부터 글을 배우기 시작하는데 기질이 과묵하고 의젓하여 서당에서 서당 아이들과 같이 놀이를 할 때도 편을 짜서 진을 치고 적과 대치하는 놀이를 즐겨 하였다. 장군은 그 가운데에서도 호령하고 지휘하는 역할을 하였고 다른 아이들은 장군의 지휘를 따르며 감히 어기는 아이가 없었다고 한다.[6]

조선왕실과 사대부 집안에서는 대부분 4~6세 때부터 글을 배우기 시작하였고 이때부터 과거시험 준비를 했다고 하니 우리 민족의 조기 학구열은 그때나 지금이나 마찬가지라고 볼 수 있겠다. 영조도 아들 사도세자와 손자 정조를 3~4세 때부터 가르쳤다고 한다.

---

6 「국역 농포집」, 연보, p.365.

대개 세자는 늦어도 5세부터는 공부를 시작하고 민간에서도 보통 7세 전후에 교육을 시작해서 남자아이는 할아버지가 기거하는 사랑채로 가고 여자아이는 안채에 남아 살림을 배우게 된다. 이러한 연후로 '남녀칠세부동석'이라는 말이 생겼다.

총명함과 담력

5세(1570년)가 되던 해에는 총명하기가 출중하여 책을 한 번 읽기만 해도 외우고 그 뜻을 깨우쳤다고 한다. 한번은 어른들을 따라 동대문 밖에서 호랑이 잡는 것을 구경하였는데 호랑이가 으르렁거리자 구경하는 어른들도 깜짝 놀라 피하지 않는 이가 없었지만 장군은 홀로 편안히 앉아서 태연한 얼굴로 웃고 있었다고 한다. 모두 그 담력에 탄복하여 장차 대장감이라고 칭찬하였다고 한다.[7]

천재적인 시인

장군의 시는 『농포집(農圃集)』에서 354수가 전해지고 있는데 남성적이고 영웅적인 면모를 나타내고 있는 시도 있고 여성적이고 다정다감한 정감을 표현하는 시도 있다. 특히 여성을 자신과 동등한 객체로서 아름다운 미의 상징으로 바라보았다. 그리고 티 없는

---

7 『국역 농포집』, 연보, p.365.

동심을 지닌 순수한 존재로서 아이들을 바라보는 시들도 남겼다.

6세(1571년)가 되던 해 지은 시로 〈옥 같은 얼굴빛이라고 까마귀 색깔보다 못하구나(玉顔不及寒鴉色)〉라는 제목의, 한 구가 다섯 글자인 오언고시(五言古詩)가 있다.

> 첩이 옛날에 총애를 받았던 때는
> 구름 사이의 달에다 비유했었네
> 하루아침에 사랑이 식어지니
> 까마귀 행색만도 못하게 되었네
> 까마귀는 아침마다 밝은 햇빛을 받건마는
> 회광(回光)[8]을 첩에게 비추지 않아
> 눈물만 서풍(西風)에 떨어지네
> 님을 생각하나 님은 오지 않고
> 저무는 쓸쓸한 뜰에 낙엽만 구르네[9]

이런 성숙한 내용의 시가 지금으로 보면 겨우 유치원에나 다니고 있을 어린이의 손에서 나왔으니, 장군의 조숙함과 천재성을 엿볼 수 있다. 7세(1572년) 때에는 초승달을 보고 〈초월(初月)〉이라는 제목의 시를 지었다.

---

8 회광(回光): 일몰 직전에 반사되는 햇빛. 마지막으로 돌보아줌을 뜻하는 말로 쓰인다.
9 「국역 농포집」, 오언고시 〈옥 같은 얼굴빛이라고 까마귀 색깔보다 못하구나〉, pp.28-29.

누가 곤륜산의 옥을 쪼아다가
직녀의 머리빗을 만들었던가?
견우와 이별한 뒤에
슬픔에 젖어 푸른 하늘 허공에 빗을 던져 버렸네[10]

지금으로 보면 초등학교 1학년 정도의 나이에 초승달을 직녀의 머리빗으로 비유한 절묘한 묘사와 맑은 시심에 놀라지 않을 수 없다. 이 시는 본래 황진이의 작품으로 알려졌다가 농포집에 문헌으로 남아 있어 장군의 시로 후에 정정된 것이다. 명사들의 소년 시를 보고 그 재주의 싹을 시험해보고 장래의 명운도 어림해보기도 하는데, 후대 호사가들은 장군의 말년에 불행한 운명을 암시하고 있다고 말하기도 한다.

옛날 어느 할아버지가 다섯 살 된 손자에게 "간밤에 눈이 많이 와서 쌓여 있으니 이걸 보고 글을 지어 보라" 하니 "설래송백발(雪來松白髮-눈이 와서 쌓이니 소나무가 백발이 되었네)"이라고 썼다 한다. 할아버지가 이걸 보고 "이놈아, 그것 좋지 않구나" 하니 손자는 곧이어 "풍취갱소년(風吹更少年-바람이 부니 다시 소년이 되었다)"라고 썼다. 그제야 할아버지는 매우 기뻐하며 "참 잘 지었다"고 칭찬하였다. 이것은 아이들이 나이에 걸맞지 않게 노성(老成)한 글을 지으면 혹시 수명에 관계가 있지 않을까 하여 금기로 여겼던 당시 세태를 보여준다.

---

10 『국역 농포집』, 오언절구 〈초승달〉, p.56.

장군은 남성적인 체취가 물씬 풍기는 시도 많이 남겼다. 장군의 고시(古詩)에서 풍기는 사내다운 체취는 생전에 임진의 전장을 누비던 우국충정의 대장부로 구체화 되었으며 마침내 역사의 큰 발자취로 남게 된 것이다.

학문과 관직의 길

본격적인 학문수업

　장군은 9세(1574년)가 되던 해부터 과거시험인 식년(式年) 문
(文)과에 갑(甲)과 2위로 합격하기까지 15년간 학문 정진에 힘을 쏟
는다. 소학을 공부하면서 부친인 판서공(정신)이 사람의 도리는 부
모와 형제 간의 우애를 으뜸으로 하는 효(孝)와 나라를 위하는 충
(忠) 이외에는 다른 것이 없다고 교육하였다. 장군은 부친의 이 말
을 교훈으로 새기고 더욱 학문에 힘썼다고 한다.

　조선 시대 사대부 집안에서는 글을 배우기 시작한 무렵부터 사
내아이들을 사랑방으로 잠자리를 옮겨 공부하기 시작하고 여자아
이들은 안채에서 본격적으로 살림을 배우기 시작한다. 남녀칠세
부동석이라 하여 어릴 때부터 남녀의 역할을 구분하여 지내게 되
는 것이다. 사랑방으로 옮겨 간 사내아이들은 주로 할아버지로부
터 글과 인생 공부를 배웠는데, 이를 격대교육(隔代敎育)이라 불렀
다고 한다. 자식에 대한 기대가 클수록 조급하기 쉬운 것이 부모
의 속성인데 그래서 조선 선비들이 찾아낸 최고의 선생님이 바로

할아버지이며 할아버지가 어릴 때부터 교육을 담당하게 하였던 것이다.

여러 명의 아이를 키운 풍부한 경험과 지혜, 연륜까지 겸비한 할아버지들이 손자 교육을 담당하는 것이 일반적이었으나 장군은 태어나기 전에 할아버지 정언각(1498~1556)이 돌아가셨기 때문에 아버지 판서공으로부터 글공부와 인생 공부를 배우게 된 것이다. 판서공은 자녀 교육을 아주 엄격하게 하였으며 이러한 어릴 적 교육이 장군의 성격을 형성하는 데 있어 어느 정도 영향을 끼친 것 같다. 월사 이정구는 장군을 일컬어 "그의 재주는 참으로 얻지 못하는 것인데 단지 그의 강직함이 너무 지나쳐서 흠이다"고 하였다.[11]

조선의 과거제도는 문관을 뽑는 문과, 무관을 뽑는 무과와 율관·역관·의관 등 기술직 종사자를 뽑는 잡과가 있는데 이 중 비중이 가장 컸던 것은 문과(대과라고 함)이다. 문과에 응시하기 위해서는 먼저 지방에서 뽑는 소과에 합격해야만 했다.

소과는 생원시와 진사시로 나뉘는데 생원시는 유교 경전에 대한 이해 정도를 측정하는 시험이었고 진사시는 문장력을 테스트할 수 있는 시험이었다. 현재와 비교하면 대입논술시험이라고 볼 수 있다. 생원시와 진사시를 합격하면 성균관에 들어가 공부할 자격을 부여받는데 성균관에서는 출석 점수가 일정 수준 이상이 되어야 대과인 문과에 응시할 자격을 부여받을 수 있었다. 지금과 비

---

11 『국역 농포집』, 연보, p.383.

교하면 고등학교 내신성적을 평가하는 것과 비슷하다고 볼 수 있겠다.

문과는 초시·복시·전시를 거쳐 총 33인의 합격자를 배출하는데 3년에 한 번 33명의 관리가 뽑히게 되는 것이다. 33인의 합격자를 선정하는 기준으로 지역별 쿼터도 일부 반영하여 지방 응시자의 형평성을 고려하였으며 뇌물을 받은 자의 자손은 영원히 응시자격을 박탈하기도 하였다.

장군은 10세 때부터 논어를 읽기 시작하여 사서삼경을 통달하고 천문, 산수와 활쏘기까지 문무를 겸비한 인재로 성장하게 된다. 글을 읽되 그 뜻이 요긴한 대목에 이르러서는 책상에 묵묵히 앉아 깊이 연구하여 그 뜻을 알아 얻음이 있으면 기뻐하되 얻은 바가 없으면 벽 위에 써서 붙여두고 스스로 풀기까지 기다렸다고 한다. 장군의 학문을 대하는 태도와 집념을 엿볼 수 있다.

지금도 국가 자격시험을 준비하는 사람들은 절에 들어가 공부하기도 하는데 장군은 13세의 어린 나이에 절에 들어가서 시경을 공부하기도 하였으며, 그해에 초시에 장원으로 합격하였다. 이때 제출한 유명한 시가 〈달 밝고 꽃은 지고 또 황혼이라(月明花落又黃昏)〉라는 시이다.

염수금옥치마 밑에는 제비 나르는 것 그만두고
사창에 해 저무니 이제 문 닫아야겠구나
미인 눈살 찌푸리며 날 저무는 것을 근심하고
아로새긴 난간에 기대어 눈물짓는다

그리운 마음 참지 못해 밝은 달 쳐다보니

떨어진 꽃 다시 황혼에 나부끼누나.

가지에서 떨어진 꽃 누가 막을 것인가

떠나가신 님의 마음 길게 이어져

맥맥이 나의 가슴에 높여 드는구나

창밖에 봉연이 그친 지 오래되었고

옥돌 계단은 적막하여 청태만 깊어라.

작년에 피던 꽃은 올해 또다시 피는 것이니

짝 잃은 새와 같이 외로운 밤 얼마나 지샐까

운명의 끈 끊어지니 뉘가 올릴 것인가

촛불도 한을 품고 이제 꺼지겠구나

앞뜰에서 노래하고 뒤 뜰에서 춤을 추니

그 누가 지존을 모시는가

꽃과 달 보는 즐거움 끝나지 않았는데

깊은 곳의 내 원한 누가 알아주랴

문밖에 금여가 지나감을 어찌 참을 것인가

창창하게 높은 데서 바라보니 거문고 타는 것

이제 끝나고

밤은 깊어 가는데 달은 서산에 희미하고

꽃은 또한 말이 없어라.[12]

---

12 『국역 농포집』, 〈달 밝고 꽃은 지고 또 황혼이라〉, pp.39-40.

정문부 평전

내용이 유창하고 애절하게 표현되어 마치 중국 역사의 어느 궁전을 배경으로 소외당한 후궁의 애절한 신세를 한 폭의 그림처럼 풀어낸 시라고 평가받고 있다. 13세의 소년임에도 불구하고 소년답지 않은 화려한 궁중연시(宮中戀詩)를 지어 장원까지 한 장군의 깊고도 뛰어난 시상을 엿볼 수 있는 작품이라고 할 수 있다. 장군은 이때 이미 학문으로나 체격으로나 마치 성인과 같이 성숙하였고 호패를 패용한 장군의 모습을 보면서 주변 사람들은 사내대장부의 풍모라 평가하기도 하였다. 조선 시대에는 14세부터 호패를 패용하였다.

명나라 사신이 우리나라를 방문하여 우리나라 과거시험에 제출된 글을 보려고 할 때 백사 이항복의 〈이별할 때 뱃속에 든 아기를 울며 보낸다(泣送歸時在腹兒)〉라는 시와 장군이 지은 이 시를 함께 보여주었다고 한다.[13] 장군의 훈훈한 인간미와 내밀하고도 부드러운 시풍이 자못 감동적으로 표현된 이 시를 조선이 명나라 사신에게 자랑스럽게 보여준 것이라고 할 수 있다.

열여섯 살에 장가를 가다

1581년 선조 14년에 고령 신씨이자 성종의 부마였던 고원위 신항의 손녀인 봉사 신예의 딸과 결혼하였다.

이 시기에도 학문과 무예를 게을리하지 않았는데 글을 읽고 짬

---

13 『국역 농포집』, 연보, p.366.

이 나는 시간에 틈틈이 활쏘기를 익혀 백발백중하는 묘기를 보여주었고 천문과 산수에도 통달하였다고 한다. 조선 시대에는 '예(禮)·악(樂)·사(射)·어(御)·서(書)·수(數)'를 공자의 말에 따라 '군자6예'라고 칭하였다. 예의·음악·활쏘기·말타기·글쓰기·수학을 익히는 것이 군자의 도리라고 여겼던 것이다. 장군은 문신이지만 어릴 적부터 말타기와 활쏘기를 익혀 훗날 의병장으로서의 무예를 드러낼 수 있었다.

1583년 선조 16년 장군은 18세의 나이로 이미 장성했지만 엄격한 아버지인 판서공(정신)은 날마다 장군에게 공부시키기를 어릴 때와 같이 하였다.

과거에 급제하다

1585년 20세 때 생원·진사시에 모두 합격하였다. 이 시기 생원은 11명, 진사는 21명을 뽑았는데 여기에 모두 급제한 것이다. 22세 때는 맏아들 대영이 태어났다. 1588년 23세가 되던 해에는 대과인 문과에 전체 2위로 합격하였다. 다산 정약용이 21세에 소과인 생원시에 합격하고 27세에 대과인 문과에 급제한 것과 비교하더라도 장군의 학문적 성취가 일찍 결실했다고 볼 수 있다. 조선 시대 최종시험인 문과의 대과시험은 대략 40세 전후로 합격하였다고 하니, 가히 조선의 천재 중 한 분이라고 일컬어도 과언이 아니다.

조선의 문과는 지금은 없어진 사법고시와 비교할 수 있는데 합격자를 33명만 배출하였고 그중 2등으로 합격하였다는 것은 정말 대단한 일이라고 볼 수 있다. 김시헌이 과방을 내걸고 축하하였고 지천 황정혹과 김귀영이 나라에 인재를 얻었다고 기뻐하였다고 전해진다. 또한 조선 시대에 3대에 걸쳐서 제 실력으로 문과에 급제하였다는 것은 매우 드문 일이며 장군은 이러한 가문의 역사에 남다른 자부심을 가지고 매사에 임했다고 한다. 후에 중앙에서의 출세의 길을 고사하고 전방인 함경도로 자원 근무한 데에도 이러한 자부심이 한 계기가 되었다고 볼 수 있다. 그러나 또 다른 측면도 있어, 이에 대해서는 뒤에서 다시 살펴보기로 한다.

본격적인 관료의 길에 들어서다

1589년, 장군이 24세가 되던 해에 승정원 주서[14]와 홍문관 기사[15], 승정원 부성자를 차례로 거쳤고 승정원 정자[16]로 승진하였으며 정6품인 홍문관 수찬[17]을 거쳐 사간원 정언[18] 겸 중학교수[19]를 역임하였다. 25세에는 지제교[20]에 임명되어 중전의 병환으

---

14 승정원 주서(主書): 조선 시대 승정원에 두었던 정칠품 관직으로 정원은 2인이다. 선조 때 처음으로 두어 변방의 사정(事情)과 국청의 옥사(獄事)를 맡아 보았다.
15 홍문관 기사(紀事): 궁중의 서적과 역사기록물 및 문서의 관리를 맡은 직책.
16 승정원 정자(正字): 조선 시대 홍문관·승정원의 정9품 관직. 전적(典籍)이나 문장의 교정을 맡아 보는 문관.
17 홍문관 수찬(修撰): 조선 시대 홍문관에 두었던 정6품의 관직. 정원은 2인.
18 사간원 정언(正言): 간관으로서 국왕에 대한 간쟁과 봉박을 담당.
19 중학 교수(敎授): 조선 시대 종6품 잡직 기술직이다.
20 지제교(知製敎): 조선 시대 국왕의 교서 등을 작성하는 일을 담당하는 버슬.

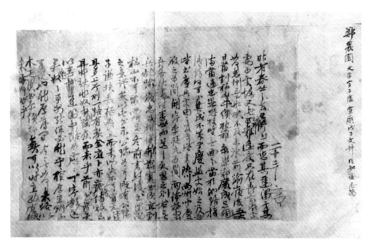
정문부 장군 필적 (출처: 독립기념관)

로 특사령을 반포하는 글을 지어 올리기도 하였다. 정5품인 사헌부 지평[21]에 임명되어서는 실력을 인정받으면서 승승장구 승진을 거듭하였고 이때만 하더라도 중앙관리로서의 밝은 앞날이 예상되었다.

그러나 장군이 태어나시기도 전 1556년에 돌아가신 할아버지 고죽재(정언각)에 대한 주위의 비방으로 장군은 충격을 받고 깊은 고민을 하게 되었고 한양에서 멀리 떨어진 북방으로 가서 조용히 지내기로 마음을 먹는다. 앞날이 촉망되는 사헌부 지평(정5품)의 벼슬을 버리고 품계도 한 단계 낮은 정6품에 해당하는 함경도 병마평사로 자진하여 나간다. 국사편찬위원회 위원장이었던 이원순

---

21 사헌부 지평(持平): 조선 시대 사헌부의 정5품 관직.

님은 『농포집』 서문에서 서울에서 생활한 이 시기를 장군의 '면학 내직기(勉學內職期)'라고 규정한다. 훗날 구국 전선에 뛰어들어 북 관 지방의 침략군을 소탕하고 왜적 가토 기요마사 군을 축출하는 의병 활동으로 큰 공을 이루기 위한 학·덕·체의 준비 기간으로 칭 한 것이다.[22] 또한 한 지방관의 몸으로 주위의 추대에 의해 의병장 이 되어 의병 운동을 영도할 능력을 구비하기 위한 애국심과 실천 력의 연마기로 규정하였다.

양재역 벽서 사건(良才驛 壁書 事件)

양재역 벽서 사건은 조선 명종 대의 정치적 옥사(獄事)로 당시 외척으로 정권을 잡고 있던 윤원형 세력이 반대파 인물을 숙청한 사건이며 정미사화라고 불린다. 중종 말년부터 경원대군의 외숙인 윤원형·윤원로를 중심으로 한 소윤(小尹) 일파와 세자의 외숙인 윤임을 중심으로 하는 대윤(大尹) 일파가 있었는데 이 둘 사이의 대립이 심화된 것이 그 원인이다. 중종의 뒤를 이은 인종이 재위 8개월 만에 병으로 죽고 경원대군이 즉위하는 한편 윤원형의 누이 인 문정왕후가 수렴청정하게 되었다. 이후 소윤 세력은 역모의 누 명을 씌워 대윤을 중심으로 반대 세력의 숙청 작업을 진행하게 된 다. 이른바 을사사화로 그 과정에서 사림(士林) 계열의 인물들까지 희생되었다. 이와 같은 상황에서 소윤 세력이 자신들의 정적으로

---

22 「국역 농포집」, 서문, p.10.

부상할 잠재력을 지닌 인물들을 도태시키려고 일으킨 것이 양재역 벽서 사건이다.

1574년(명종 2년) 9월 부제학 정언각과 선전관 이로가 경기도 과천의 양재역에서 위로는 여주(女主) 아래로는 간신 이기(李芑)가 있어 권력을 휘두르니 나라가 곧 망할 것이라는 내용으로 된 익명의 벽서를 발견하여 임금에게 바치게 된 것이 그 발단이다. 윤원형 등은 이전의 처벌이 미흡하여 화근이 살아 있는 까닭이라 주장하여 지난날 윤원형을 탄압한 바가 있는 송인수·윤임 집안과 혼인 관계에 있는 이약수를 사사하고 이언적·노수신 등 20여 명을 유배하였다. 이 중에는 사림계 인물들이 많이 포함되었다. 또한 중종의 아들인 봉성군 완도 역모의 빌미가 된다는 이유로 사사되었으며 그 밖의 사건 조사 과정에서도 희생된 인물이 많았다.

1565년 소윤 일파가 몰락하고 노수신 등이 다시 요직에 기용되고 선조가 즉위하면서 사림 세력이 중앙정계를 다시 장악하게 되었다. 이후 양재역 벽서 사건 자체를 무고로 공인하는 한편 연루된 인물들에 대한 재평가가 여러 단계에 거쳐 행해졌다. 이 사건은 익명으로 쓰인 것을 임금에게 상소했다는 것에서부터 절차상의 잘못이 지적되었으며 이 사건의 시발점이 된 양재역 벽서의 첫 신고자가 장군의 할아버지인 정언각이었기 때문에 장군에게 견디기 힘든 비난이 쏟아지게 되었다. 손자인 장군에 대해 뒤에서 수군거리는 것을 견디기 힘들었던 같다.

이것이 장군을 중앙정계에서의 출세의 길을 포기하게 만들었다고도 볼 수 있다. 장군께서 끝내 선조로부터 외면을 당하고 인조

때 원통한 일을 당하신 것은 이러한 구설수와 전혀 관련이 없다고 볼 수가 없다.

부로(父老)[23]들은 장군께서 항간에 선비들이 모이는 장소에서 자주 할아버지 고죽재를 비방하는 말들이 나오고 있음을 아시고 무척 고민하셨다고 한다. 혹 어느 집에 애경사가 있으면 그 날 제일 먼저 그 집에 가시어 자리에 앉아 계시다가 모였던 사람들이 모두 돌아간 다음에야 그 자리에서 떠나시었다고 하는 말이 전해온다. 평소에 많은 고뇌를 하시고 어떻게 보면 참으로 불행하고 고독한 처지에서 성장하고 입신하였던 것이다. 장차의 벼슬길도 결코 순탄치 못할 것임을 알고 내직에서의 벼슬길을 마다하고 함경도 전방으로 자원 근무 결심을 하게 된 것이라고도 볼 수 있다.

이 사건에 대해 정언각은 가해 세력인 문정왕후와 윤원형 일파의 함정에 빠져 이용당했다는 견해가 있다.[24] 정언각이 딸과 사위를 전송하기 위해 양재역으로 나가는 것을 미리 알고 벽서를 보게 하였지만, 정언각은 이를 알리지 않는 것이 좋겠다고 판단하고 고변하지 않았으나 동행했던 사돈의 동생들인 이로와 이박이 이 내용을 퍼뜨리니 정언각의 아들이 아버지가 해를 당할까 두려워 이로와 함께 고변하게 된다. 정언각은 사건이 마무리되자 홍문관 부제학에서 직제학으로 강등되었으니 벽서 사건을 기획하고 고변까지 한 사람이었다면 집권층에 공로를 인정받아 공신록에 등재되어

---

23 동네에서 나이가 많은 남자 어른을 높여 부르는 말.
24 정기두, 「양재역 벽서사건의 진실」 통권 42호, 해주정씨대종친회, 2021.

야 마땅하나 이를 늦게 고변하였다고 문책을 받은 것으로 볼 수 있다. 피해자인 사림 세력이 가해자의 죄를 묻지 못하고 고변자에게 죄를 뒤집어씌웠다고 보는 것이다.

후일 피해 세력인 사림으로부터 정문부 장군을 비롯한 후손들이 받은 고통을 생각한다면 안타깝기 그지없는 일이다. 이에 관한 역사적 사실에 대해 관련 학계의 활발한 논의와 연구가 계속되길 기대해본다.

함경도로 떠나다

1591년(선조 24년) 8월 2일에 26세의 나이에 함경도 병마평사(북평사)에 임명되어 동대문 밖에서 형님 정문승을 비롯하여 젊은 선비 이백기 등 20여 명의 전송을 받으며 부임지로 떠났다. 장군 주변의 여러 정치적 상황에 몰려 먼 타관으로 떠나는 심정을 쓸쓸히 읊은 당시 젊은 장군의 감회를 알 수 있는 시가 남아 있다.

포천 길에서

나그넷길에서 맞은 가을비
부슬부슬 애 끓이는 소리로구나
오늘 밤은 객사에서 잠을 자리니
고향 꿈 꾸기도 어렵겠구나[25]

그리고 북행길 말을 타고 가면서 읊은 시 또한 장군의 절절한 심정을 짐작케 한다.

> 북행길이 어렵다는 것을 옛부터 일러왔는데
> 지금 지나보니 과연 듣던 바와 같구나
> 가파른 언덕에 가는 길은 푸른 산 멀리 뻗어 있고
> 갈라진 땅 깊은 내는 들판을 갈라놓았네
> 수풀을 뚫고 나는 새는 하늘 높이 반짝이며
> 걸어가는 사람은 마치 반공에 떠 있는 것 같고
> 이 몸은 기러기 따름을 배우지 못하였으니[26]

---

25 『국역 농포집』, 오언절구 〈포천길에서 친구 만나 회포를 쓰다〉, p.64.
26 『국역 농포집』, 칠언율시 〈회양에 이르러 말 위에서 읊다〉, pp.133-134.

임진왜란 발발

한·중·일 삼국 국제전쟁

임진왜란은 1592년 4월부터 1598년 11월까지, 7년 정확하게는 만 6년 7개월간 진행된 한·중·일간 동아시아 국제전쟁이다. 우리나라에서는 임진왜란 혹은 임진왜란과 정유재란이라 하고 일본에서는 일본 천황의 연호를 사용하여 분로쿠(文禄)와 게이쵸(慶長)의 에키(役)라고 하고 북한에서는 임진조국전쟁 혹은 방위전쟁이라 하며 중국에서는 '왜구에 대항하여 조선을 도운 전쟁'이라는 의미로 '항왜원조' 또는 만력제 때 조선에서 벌인 전쟁이란 의미로 '만력의 역'이라고 부른다. 역(役)이라는 것은 군사행동 또는 출정과 같은 뜻이다. 최근 미국 사학계에서는 임진왜란을 1·2차 아시아 전쟁으로 칭하기도 한다.

일본이 조선을 침략하여 시작된 임진왜란은 중국(명)군이 참전하면서 조선·중국(명)·일본 삼국의 국제전쟁이 되었다. 따라서 임진왜란은 세계사의 흐름 속에서 동아시아 삼국의 현재와 미래를 조망하는 데 중요한 교훈을 주는 역사적 전쟁이다. 서기 663년 백제·왜의 연합군과 신라·당 연합군이 충돌한 백촌강전투 이후 거의 천 년 만에 동아시아 3국이 한반도를 전장으로 삼아 벌인 국제전인 것이다.

임진왜란은 근대 이후 동북아에서 전개된 제국주의 간 충돌을 예고하는 전쟁이기도 했다. 임진왜란 당시 동중국해를 건너 직접 명나라를 공격하는 데 부담을 느꼈던 일본은 한반도를 거쳐 명나라를 공격하려 했다. 한편 명나라는 일본군이 한반도를 점령한 뒤 바다를 건너 자국의 영역을 직접 공격하는 것을 피하기 위해 전장을 한반도에 국한하려 했다.

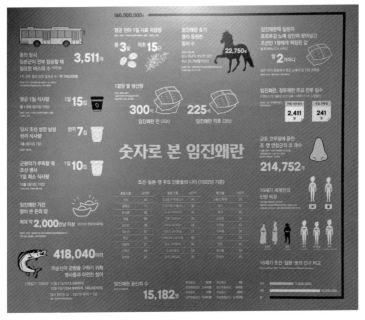

진주 국립박물관 전시 자료(임진왜란 시 각종 통계 자료)

조선·일본·명 주요 인물들의 나이 (1592년 기준)					
조선 인물	**나이(만)**	**일본 인물**	**나이(만)**	**명 인물**	**나이(만)**
선조	40	도요토미 히데요시	56	신종(만력제)	29
광해군	17	도쿠가와 이에야스	50	석성	55
유성룡	50	고니시 유키나가	34	형개	52
권율	55	가토 기요마사	30	송응창	56
김시민	38	구로다 나가마사	24	이여송	43
이순신	47	시마즈 요시히로	57	이여백	39
원균	52	나베시마 나오시게	54	유정	34
정문부	27	도도 다카토라	36	진린	60
사명당	48	소 요시토시	24	등자룡	64
김덕령	25	모리 테루모토	39	만세덕	45

진주 국립박물관 전시 자료(임진왜란 시 주요 인물들의 당시 나이)

조선의 조정은 명나라의 원조를 "나라를 다시 만들어 준 은혜(再造之恩)"라고 칭송하였다. 이러한 역사는 근대에도 반복되어 조선 조정은 외국의 힘을 빌려 자국의 반란 세력을 진압하였고 한반도는 일본의 식민지가 되었다.[27]

임진왜란은 조선과 일본 모두 상대방의 장점을 모르는 무지에서 비롯되었다. 이는 조선과 일본 모두에게 비극이었다. 조선은 일본의 엄청난 군사력을 인지하지 못하여 초기 대규모 전투에 거의 대응하지 못하였고 일본은 조선이 수나라와 당나라의 침략을 물리친 고구려의 후손이며 세계 최강 몽골과 30년 전쟁을 치른 고려의 후예임을 망각한 무지와 오만으로 조선을 침략함에 따라 엄청난 희생을 치르게 된다.

일본군을 따라 들어온 포르투갈인 프로이스는 조선군은 대부

---

27 김시덕, 『그들이 본 임진왜란』, 도서출판 학고재, 2012.

정문부 평전

분 매우 용감하였고 포로가 된 조선 기병은 일본군에게 자기의 목을 쳐 달라고 주문하고 전사하였다고 한다. 또 조선군은 조국에 대한 충성심이 강했다고 기록하고 있다.

전쟁의 경과

임진왜란은 1592년(선조25) 4월 일본군이 부산에 상륙함으로써 시작되었다. 4월 13일 고니시 유키나가(小西行長)가 이끄는 일본군은 700여 척의 대선단을 이끌고 오전 8시에 일본을 떠나 오후 5시에 부산 앞바다에 도착하였다.

다음 날 일본군은 부산진성을 공격하였는데, 이곳을 사수하던 부산첨사 정발(鄭撥)이 사력을 다해 싸웠으나 중과부적으로 성민(城民)과 함께 전사하였다. 이튿날 동래성을 지키던 동래부사 송상현(宋象賢)도 "싸워 죽기는 쉬우나 길을 내주기는 어렵다"며 군민과 더불어 항전했으나 전사했다.

대마도에 대기하고 있던 일본군의 후속 부대는 제1대가 부산 상륙에 성공했다는 보고를 받고 계속 상륙해왔다. 19일에는 가토 기요마사(加藤淸正)가 이끄는 제2대 병력이 부산에, 구로다 나가마사가 이끄는 제3대 병력이 다대포를 거쳐 김해에 각각 상륙하였다. 4~5월에 걸쳐 제4~9대에 이르는 후속 부대가 계속 상륙하였다.

조선 조정에서는 일본군의 침략 사실을 4월 17일에야 인지하기 시작했다. 전쟁 초기에 조선 조정과 백성들은 관군이 파견되면 이들이 북상하는 일본군을 저지할 것으로 믿어 의심치 않았다. 이에 조정에서는 임시변통으로 이일(李鎰)을 순변사로 삼아 조령·충주 방면의 중로를, 성응길(成應吉)을 좌방어사로 삼아 죽령·충주 방면의 좌로를, 조경(趙絅)을 우방어사로 삼아 추풍령·청주·죽산 방면의 우로를 방어하도록 하였다.

또한 유극량(劉克良)을 조방장으로 삼아 죽령을 지키게 하였고, 변기(邊璣)를 조방장으로 삼아 조령을 지키게 하였다. 그리고 신립(申砬)을 도순변사로 삼아 이일의 뒤를 이어 떠나게 하였고, 좌의정 류성룡을 도체찰사로 삼아 전체를 감독하게 하였다. 그러나 관군의 병력과 화력이 일본군을 상대하기에는 절대적으로 열세인 탓에 잇따라 패전하였다.

게다가 상당수의 지방관과 변방 장수들은 일본군이 쳐들어온다는 소문만 듣고서도 도망하기에 급급하였다. 따라서 몇몇 애국적 인사와 삶의 터전을 지키려는 백성들의 처절한 저항만으로는 전세를 만회할 수 없었다.

일본군이 북상한다는 급보가 조정에 계속 날아왔으나 서울 도성을 사수하겠다는 중신들의 결의는 변함없었다. 그러나 충주의 탄금대에 배수진을 치고 싸웠던 신립의 패퇴 소식이 전해지자 대신들도 선조를 평양으로 이어(移御)할 것을 논의하기 시작했다. 이에 류성룡은 왕자를 여러 도에 파견하여 근왕병을 불러모아 회복을 도모하게 했다. 4월 30일 새벽 선조는 도원수 김명원에게 북상하는 일본군을 막으라는 전권을 부여하고, 광해군과 함께 평양으로 피난하고 임해군·순화군 두 왕자는 함경도와 강원도로 근왕병을 모집하러 갔다.

임금이 항전을 포기하고 도성민을 남겨두고 도성을 빠져나가자 분노한 백성들이 궁궐과 관청 등을 부수고 불을 질러 도성은 혼란의 도가니로 변해버렸다. 제일 먼저 불을 놓은 곳은 노비 관계 업무를 관장하는 장예원과 형조였다. 백성들의 분노가 가져온 결과였다.

4월 14일에 부산에 상륙한 일본군은 파죽지세로 북상하여 불과 20일 만에 서울을 점령하였다. 서울을 점령한 고니시 유키나가와 가토 기요마사는 임진강을 건너 선조의 어가를 추격하였다. 5월 27일 개성에 이른 이들은 어가가 함경도 쪽으로 향할지 모른다는 판단하에 진로를 나누어 맡기로 결정한다. 1592년 6월 10일 황해도 안성역에서 고니시 유키나가는 평안도로 향하고, 제2군인 가토 기요마사는 함경도로 향한다.

평양성마저 함락당하고, 선조는 6월 20일경 의주까지 이르렀다. 선조는 명으로 가려고 마음먹었으나 류성룡 등 중신들의 반대로 명으로 가지는 못했다. 그즈음 명에서도 지원군을 보내고 전국 각지에서 나라를 구하기 위해 들불처럼 의병들이 일어나 줄곧 당하기만 하던 전세가 역전되기 시작했다. 의령에서 곽재우가 1592년 4월 처음으로 의병을 조직하였고 경상·전라·충청·경기·황해도에서도 이름 없는 민초들이 하나둘 일어서기 시작했다.

민심이 가장 흉흉했던 함경도에서는 정문부 장군을 중심으로 의병이 조직돼 지역을 사수하고 의병을 조직하자마자 임해·순화 두 왕자를 일본군에게 넘겨주고 반역을 꾀한 국세필·국경인 무리를 먼저 처단하였다.

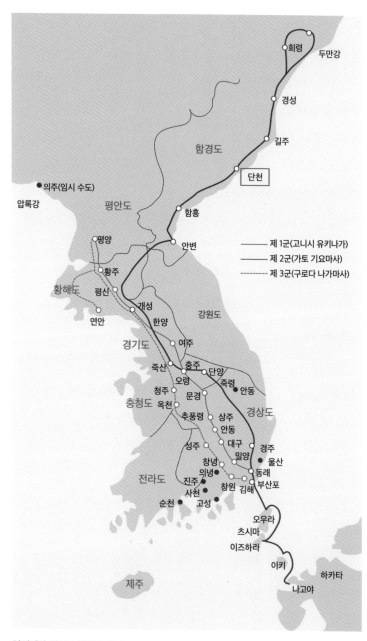

임진왜란 일본군 진격로 (출처: EuropaUniversalis의 블로그)

1592년 10월 진주대첩 이후 1593년 6월까지 조선군은 조선 전 지역에서 일본군을 공격하여 점령지를 수복하였고 또한 일본군의 보급로를 끊어 일본군의 무기와 식량, 의복이 바닥나기 시작하였다. 한양성 이북의 일본군은 한양성으로 퇴각하여 일본군은 조선 전 지역에 대한 점령은 불가하다고 판단하고 남부 지역만이라도 점령하기 위해 전략을 수정하게 된다.

1592년 10월 진주대첩 시기부터 1593년 1월 명나라 군대가 파견될 때까지 기록이 남아 있는 대표적 전투가 북관대첩이다.

2장

함경도를 지킨 의병장

전란에 시달린 북관민을 수호하다

국사편찬위원회의 이원순(李元淳) 님은 『농포집』 서문에서 장군은 26세의 젊은 나이로 함경도 북평사(北評事)를 제수받고 정든 고향인 서울을 떠나 북관 땅에 출두하여 부임 다음 해에 임진왜란을 맞아 백척간두에 선 조국을 구하고자 결연히 의병 운동을 일으켜 거듭 승리를 거두고 왜적을 축멸(逐滅)하는 군공(軍功)을 세웠음을 언급하였다. 이어 북관 지방의 수령직(영흥부사·길주목사·안변부사 등)을 맡아 전란에 시달린 북관민을 수호하는 공덕을 쌓았다고 평하였다. 이처럼 국난기의 군정 담당자로 진가를 발휘하는 장군 생애 제2기에 해당하는 격동의 활동기를 '북관재직기(北關在職期)'로 분류하였다.

북평사(北評事)란 어떤 직책인가?

북평사는 병마절도사(약칭 병사)의 막료로서 군사상의 기밀을 장악하는 정6품의 문관 계통 벼슬이다. 관직 자체는 그다지 높다고 할 수 없으나 여진족의 남침에 대비한 최일선 야전군 사령부의 유일한 문관으로서 그 직책의 의의가 있다고 할 수 있다. 중앙정부와 현지 군사령부 사이에서 문서 연락 임무를 담당하기 때문에 그 중요성은 매우 크다고 볼 수 있다. 병마절도사를 도와 도내 순행과 군사훈련, 무기 제작과 정비, 군사들의 군장 점검, 군사 시설 수축 등의 임무를 맡았으며 병마절도사 유고 시 그 임무를 대행하였다.

함경도는 세종 때 6진을 개척한 이래 두만강 너머로 밀려난 여진족과 줄곧 대치 상태로 있어 많은 병력이 이곳에 주둔하였고 함흥에는 함경도 관찰사가 병사직을 겸하고 북청에 남병사, 경성에 북병사를 두었다. 북평사는 바로 이 북병사의 문관 보좌관으로서 평사는 평안도와 함경도 두 곳에만 두었다. 임기는 2년이었다. 두만강 너머의 여진족들은 강이 얼어붙는 겨울이 되면 수시로 남쪽으로 넘어와 식량을 빼앗고 사람들을 잡아가서 조선의 모든 장수는 무과에 합격하면 두만강 변에서 근무해야 하는 전방 의무 근무 규정이 있었다. 실제로 이순신 장군도 첫 근무지가 함경도였으며 1587년에 함경도 녹둔도(鹿屯島)에서도 근무하였고 진주성 전투를 승리를 이끈 김시민 장군도 1583년 이탕개의 난 때 도순찰사 정언신의 막하 장수로 출전하여 이곳에서 공을 세웠다.

정문부 장군이 북평사로 임명된 것은 문신이면서도 문무를 겸비하고 병법 등의 소양이 상당하여 군사적 재능을 인정받았기 때문이라고 볼 수 있다.

경성 읍성 서쪽 성벽 (출처: 팬저의 블로그 https://blog.naver.com/panzerk/223261564338)

경성 읍성 남문 (출처 미상)

함경도민들의 민심을 얻다

평사는 학교를 통솔하는 책임과 여러 도를 순찰하는 직책을 겸하고 있는데 장군은 북도의 여러 진을 순행하면서 북관의 교생들에게 유학 교양을 심어주는 일과 민심을 읽고 이를 다스리는 역할에 매진하였다. 전임자가 생도 대하기를 예로서 하지 아니하고 감독 시험하는 것만 너무 엄하게 하여 해마다 선비 명단에서 도태되어 북도 사람들의 원망이 높은 지 오래되었다. 그러나 장군은 "관북은 먼 국경지대라 국가의 문교가 고루 퍼지지 못하였는데 이 땅의 생도들을 책망하기에는 어찌 영호남 같은 학문하는 고을과 같이 비교할 수 있는가"라고 하여 규정을 너그럽게 적용하고 음과 해석만 통하면 모두 도태를 면하게 하였다. 또 모든 생도를 만나보고 법으로써 대우하며 예로써 가르치고 공부를 권하여 통솔하기를 간곡히 하였다.

또 북변을 순시하면서 민폐를 묻고 군정을 열람하여 폐단을 없애고 빠진 것은 보충하여 백 가지 일이 바로 잡혀가니 북쪽 사람들이 크게 기뻐하였다고 한다. 또한 여러 곳을 순행하고 늦게 관아에 돌아오면 저녁 식사를 못 하고 숙직하는 경성부 아전들을 측은히 여기고 저녁 식사를 마련해주었다. 아전들이 장군의 이러한 어진 처사에 감복하였다고 한다. 이러한 일들이 반적의 난동 속에서도 지방 백성들의 도움을 얻어 신변의 안전을 도모할 수 있었고 추후 의병의 영도자로 추대될 수 있었던 배경이다.

실록은 1592년(선조 25년) 9월 1일 "평사 정문부는 막관(幕官)으로서 난전 무사했을 때 형장을 쓰지 않았고 항상 교생들에게 글을 가르쳤기 때문에 변란이 일어난 뒤에 제자 몇 사람이 비호하여 빠져나올 수 있었다"고 기록하고 있다.[1]

---

1 『선조수정실록』 권26, 25년(1592) 9월.

해정창(海汀倉) 전투와 함경도 함락

　고니시 유키나가 제1군과 가토 기요마사의 제2군은 황해도 안성까지 함께 진격한 뒤 1592년 6월 10일 평안도와 함경도로 갈라져 진군하였다. 고니시 유키나가는 평안도 방면으로 가토 기요마사와 나베시마 나오시게(鍋島直茂)는 약 2만 2,000명의 병력으로 함경도로 진격하였다. 행군 도중 백성 두 사람을 잡아서 길 안내 요구를 하여 한 사람은 북쪽을 가본 적 없어 북쪽 지리를 잘 모른다고 하니 칼로 쳐서 죽이고 나머지 한 사람은 이 광경을 보고 하는 수 없이 길을 인도하게 되었다.

　6월 17일 함경도로 진격한 가토 기요마사는 오늘날에도 일본에서 전쟁의 신으로 추앙받는 인물로 구마모토의 영주가 된 그는 7년에 걸친 대공사 끝에 일본의 3대 성으로 꼽히는 구마모토성을 축조했다. 도요토미 히데요시의 절대적인 신임을 받던 가토의 군대는 일본 군단 가운데에서도 최강의 군단이었다. 특히 철포(조총) 부대가 배치되어 있어 부산에 상륙하여 함경도까지 절대 지지 않는 상승 군단이었다. 그러나 이러한 가토 기요마사의 일본군도 정문부 장군을 비롯한 함경도 의병들에게는 결국 패하여 도주하게 된다.

일본군이 철령(鐵嶺)을 넘어 막힘 없이 함경도 북쪽으로 진군해 들어오자 함경감사 유영립은 산속으로 들어가서 숨었다가 그 지방 반민 등에 의해 사로잡혀 일본군에게 넘겨졌다. 그 후 북청 고을 사람 김응전이 몰래 적진에 잠입하여 밤을 틈타 잡혀 있는 유영립을 둘러업고 도망쳐 행재소[1]로 돌아왔다.

또한 일본군은 남병사 이혼(李渾) 군을 만나 일거에 격퇴시켰다. 이혼은 갑산으로 도망해 들어갔으나 그곳 백성들에게 타살되고 만다. 일본군은 안변·영흥·함흥을 거쳐 중간 십 리 거리마다 영채를 설치하고 군사를 배치하였다. 마침내 1592년 7월 15일에는 단천(端川)에 도착하기에 이르렀다. 함경도 병사 한극함(韓克諴)은 6진의 군사를 이끌고 마천령의 산세를 이용하여 방위 체계를 구축하려 하였다. 그러나 미처 포진도 하기 전에 일본군이 재빨리 이곳을 통과하여 결국 우리 군사는 적의 뒤를 쫓는 형국이 되었고 7월 17일에 드디어 함경도 해정창(지금의 성진)에서 맞붙게 된다.

북도의 조선군은 원래 말타기와 활쏘기에 능한 조선의 정예군으로 용맹하게 적들과 싸웠다. 이곳은 비교적 평지로 우리 기병대들이 좌우로 달리며 활을 쏘니 적들이 지탱하지 못하고 창고로 도주해 들어가버리게 된다. 한극함은 적을 포위하였으나 적군은 곡식더미를 섬 모양으로 쌓고 우리 군사의 화살을 피하면서 조총

---

1   임금이 궁궐을 떠나 멀리 거동할 때에 임시로 머무르는 곳.

을 쏘아대니 우리 군사의 피해가 점점 커졌다. 한극함은 할 수 없이 군사를 거두어 고개 위로 물러나 진을 치고 날이 밝기를 기다린다. 일본군은 야음을 틈타 풀 속에 매복하면서 우리 군사를 포위하여 총소리를 신호로 우리 군사를 습격하니 우리 진중은 아수라장이 되어 군사들은 흩어지고 많은 군사가 진창에 빠지게 된다. 이 싸움에 패한 한극함은 경성으로 도망쳐 들어갔다가 결국 적들에게 사로잡히게 된다. 이때 정문부 장군도 북병사의 막료로서 그와 행동을 같이했을 것이다. 직속 상관을 잃은 데다가 그동안 전투에서 부상까지 당한 정문부 장군은 하는 수없이 몇몇 패잔병과 더불어 산속으로 들어가 몸을 숨기게 된다.

북병사 한극함의 패전 소식이 삽시간에 북도 전역에 전파되면서 민심이 흉흉해지며 민중 봉기의 원인이 되었다. 이로써 함경도 방면의 우리 조선 야전군은 사실상 괴멸되었다. 중점을 두고 훈련시킨 기병 부대가 방어 전투에 도움이 못 되었고 두만강 지역을 따라 각 진지를 중심으로 분산되어 있던 야전군의 병력을 효율적으로 운용하기 어려웠던 점이 주요 패인으로 작용하였다. 물론 지휘관들의 작전 실패도 주요한 이유 중 하나다.

『징비록』에서 한극함은 함경도로 진입한 가토 기요마사를 해정창에서 저지하려다 패하고 달아난 인물로[2] 묘사되고 있으나, 일본 에도 시대 문헌에서는 한극함이라는 이름 대신 절도사(節度使)라는 직책명으로 표현되고 '세루토스(せるとす)'라고 불리는 용맹한 거

---

2 류성룡(오세진·신재훈·박희정 역해), 『징비록』, 홍익출판사, 2015. pp.104-106.

인 장군으로 등장한다. 『기요
마사 고려진 비망록』에서 김
시민 장군은 조선 남부 4도의
총대장인 모쿠소 한간(木曾 判
官)으로 묘사되고 한극함은
조선 북부 4도의 총대장인 세
루토스로 불렸다.

류성룡의 징비록(독립기념관 전시)

가토 군은 안변(安邊)에 본
군을 두고 북청·이원·단천·
성진·길주 등을 점령하여 수
비병을 배치했다. 임진왜란과
정유재란에 모두 참여하였고 조선에서 도공을 가장 많이 잡아간
일본 장수로 유명한 나베시마 나오시게는 함흥(咸興)에 본영을 두
고 덕원·문천·영흥·정평·홍원 등을 거점으로 함경도 영구 지배
의 목적으로 시책을 편다. 일본 농민을 지배하는 것과 똑같은 방
식으로 함경도를 완벽하게 지배하려고 하였다. 조선의 관리를 시
켜 함경도 지역의 인구수를 파악하고 곡식의 종류와 수확량도 철
저히 조사하여 이를 근거로 『조선국 조세첩』[3]을 만든다.

그러나 함경도를 완벽히 지배하려고 했던 가토 기요마사는 이

---

3   함경남도 6개 지역의 향리들에 의해 해당 지역의 농산물·특산물·인구수, 향리들의
     직책과 이름 등이 기록된 자료. 일본군의 군정이 실제로 행해졌음을 보여주는 기록
     이다.

지역에서 정문부 장군이 이끄는 의병이 일어나면서 뒤바뀐 전세에 부닥친다. 타도에서 시행하지 못했던 통치 행위가 이곳 함경도에서 가능했던 이유는 오랜 세월 동안 함경도 백성들이 중앙정부로부터 천대받으면서 조세·노역을 타도에 비해 과중하게 받았고 관찰사나 지방 수령 등 벼슬아치들의 혹독한 형벌과 수탈이 있었기 때문으로 보인다. 민심이 매우 흉흉하고 봉기 일촉즉발의 상태였기 때문에 점령군이었던 일본군을 마치 해방군처럼 맞이하는 듯한 고을이 있었다고 한다. 민중들이 평소 나쁜 짓을 하던 수령 방백을 찾아가 살해하거나, 포박하여 일본군에 바치기까지 하였다는 기록도 전해진다. 가토 기요마사는 다음과 같은 내용의 포고문을 발표하여 민심을 회유한다.

① 피난 중에 있는 자는 모두 돌아와서 생업에 종사한다.
② 농민은 농사를 지을 것이며 동요치 말라.
③ 우리 군에 협력하는 자는 보호할 것이며 나쁜 짓 하는 자를 고하면 포상할 것이다.[4]

"일본군은 새 임금을 옹립하고 새로운 정치를 할 것이다", "이덕형이 왕이 된다"라는 유언비어도 난무하여 가토 기요마사는 "이곳은 나를 기다리고 있었던 것 같다"[5]라고까지 언급하였다고 한다.

---

4   김만호, 「임진왜란기 일본군의 함경도 점령과 지역의 동향」, 『역사학연구』 통권 38호, 2010.

가토 기요마사의 일본군은 해정창 전투에서의 승리 후 민중들의 도움을 받으면서 나중에 여진족의 본거지까지 진입하였으나 여진족이 반격하여 일본군 사상자가 다수 발생하면서 회군하게 된다.

그러나 다수의 일본 문헌에서는 이와 반대되는 서술도 있다. 즉 가토 군이 조선의 두 왕자를 생포하자 오랑캐들이 조선에 대한 의리와 일본군에 대한 위기감에서 가토 군을 선제공격했고 가토 기요마사는 이에 맞서 단지 반격했을 뿐이라는 것이다. 『에혼 다이코기』에서 일본군이 회령부까지 침입했다는 소식을 들은 오란카이[6]들이 "조선은 이웃 나라다. 순망치한이라 했으니 이 사태를 내버려 두었다가는 우리나라에도 쳐들어올 것이다. 일본군을 무찌르자"라며 가토 기요마사 군을 선제공격했기 때문에 일본군은 방어 전쟁을 벌였다고 되어 있다.

9월 21일 가토는 명천 이북에는 자신의 병력을 남겨두지 않고 3,000여 병력을 이끌고 안변을 자신의 본진으로 삼았다. 자신의 가신단 4,000여 병력으로 함경남도 북청·이원·단천, 함경북도 성진·길주를 지배하게 했다. 함경남도 함흥을 나베시마의 본진으로 삼아 덕원·문천·고원·영흥·정평·홍원 등은 1만 2,000여 병력의 나베시마 가신단이 나누어 담당했다. 이로써 함경도의 지배체제가 갖추어지게 된다.

---

5   최문성 「농포 정문부 선생 전기」, 『경남권문화』 23호.
6   일본 측 문헌에서 '오란카이'라는 이름으로 등장하는 부족은 온성·종성·회령 너머의 간도에 거주하는 여진족이다. 이는 우리말 '오랑캐'에서 비롯되었다.

국자가
서고성자
온성
경원
종성
회령
서수라
웅기
두만강
부령
백두산
청진
함경도
경성
평안도
명천
가을파지진
삼수
북관대첩비
길주(가토 우마노조)
감산
임명
강계
후치령
마천령
성진
단천
이원
북청
함흥
홍원
나베시마 나오시게 본진
정평
영흥
고원
문천
덕원
안변
가토 기요마사 본진
통천
철령
강원도
노인현

◇ 일본군 주둔지

가토 · 나베시마 제2군의 함경도 배치 현황

함경도의 반란

 1592년(선조 25년) 4월 29일에 선조(宣祖)는 광해군(光海軍)을 왕세자로 책봉하고 왕자들을 지방으로 보내 근왕군을 모집하게 한다. 충주가 무너졌다는 소식을 접한 선조는 한양을 포기하기로 하고 의주 방향으로 피신하고 함경도로는 김귀영·윤탁연 등과 함께 임해군(臨海君)을 보내고 강원도로는 황정욱과 그의 아들 황혁 등과 함께 순화군(順和君)을 보낸다. 임해군 일행은 한양을 떠나 양주·포천·금화·금성·회양부를 거쳐 철령을 넘어 함경도로 향하고 순화군 일행은 포천·철원으로 들어가다가 적이 뒤따른다 하여 회양부로 들어갔다가 다시 추지령(楸池嶺)⁷을 넘어서 통천군으로 나온다. 일본군이 해상에서 근접한다 하여 안변부로 이동 중 철령에서 남병사 이혼이 패주하였다는 소식을 접하고 강원도 내에서의 모병을 단념하고 북행하여 함경도로 들어가 양 왕자 일행이 서로 합류한 뒤 7월 21일 회령(會寧)으로 들어가게 된다. 한양을 떠난 지

---

7   강원도 통천군 벽양면과 회양군 안풍면 사이에 있는 고개. 높이는 645미터.

80일 만의 일이었다.

　회령은 도성에서 보낸 유배인들로 가득하여 중앙에 대한 원한이 심한 지역으로 선조가 평양 쪽으로 피난하였다는 소식을 접하고 민심이 더욱 흉흉하여 "제왕은 우리에게는 수 대의 적이므로 이때를 틈타 생포하여 일본군에게 넘겨서 평소의 원한을 풀고 영화를 누리자!"[8]고 하여 임해군·순화군 두 왕자 및 그 가족들과 신하·시녀들 모두를 생포하여 일본군에게 넘기게 된다. 에도 막부 시대의 임진왜란 문헌에서도 이 지역의 주민들이 조선 조정에 매우 적대적이었다는 사실이 언급되어 있다. 타지역에서 일어난 반란이 서울과 백성을 버리고 도망간 왕에 대한 분노로 인한 것임에 비하여, 함경도의 민중 반란은 종래의 지배체제를 타도하고 신체제를 세운다는 목표를 가지고 있었다.

　가토 기요마사의 일본군이 철령을 넘어 함경도로 들어오자 북관의 토적들은 왜와 더불어 한패가 된다. 이를 순왜(順倭)라 부른다. 회령의 국경인(鞠景仁)은 임해군·순화군 두 왕자와 신하 등을 잡아 일본군에 넘기고 항복하고 경성의 국세필(鞠世弼)과 명천 정말수는 각각 성에서 웅거하여 난을 일으켜 그 지방 수령들과 양반들을 잡아 적들에게 호응하게 된다. 회령의 국경인은 본래 전주에서 온 유배인으로 회령에 오래 살아 회령에서 일정 세력을 이루고 있던 자로서 스스로 대장이라 칭하였다. 가토 기요마사는 육진의

8　김시덕, 「근세 일본 임진왜란 문헌군에 보이는 함경도 지역의 의병 활동에 대하여」, 『한일군사문화연구』 제12권, 2011.

성보를 모조리 빼앗은 뒤 국경인을 형조판서, 국세필을 체찰사 겸 북도병사, 정말수는 대장으로 임명하여 함경도를 분할 통치하게 한다.

반란을 일으킨 국경인은 회령의 객사(客舍)를 습격해 두 왕자와 그들의 외척들, 수행하였던 신료들을 결박하여 가토 기요마사에게 넘기는데 국경인의 반역에 대해 여러 문헌에서 분석하고 있다. 조야첨재(朝野僉載)[9]를 비롯한 사료들은 두 가지 입장에서 그 배경을 서술하고 있다. 먼저 국경인에 대해 평소 성품이 간악하였는데 전주에서 회령까지 유배된 것에 대해 원한을 품었기 때문이라며 국경인 개인에게 책임을 돌리는 견해가 있다. 또 다른 입장으로는 가토의 일본군이 함경도로 진입하자마자 주민 대다수가 반란을 일으켰다고 해서 이 지역의 분위기가 이미 반정부적으로 돌아섰음을 강조하는 것이다. 여하튼 이 사건을 계기로 조정에서는 함경도를 삐딱하게 바라보기 시작하여 교화가 제대로 되지 않아 여차하면 반기를 들지 모르는 위험한 지역이라는 인식이 조선 후기 내내 이어졌다.

하지만 『선조수정실록』과 『용사일록(龍蛇日錄)』[10], 『재조번방지(再

---

9   조선 숙종 때 편찬된 조선 시대 편년사. 편자 미상. 필사본. 내용은 야사를 중심으로 서술되어 있으나 이 시대의 사서의 편찬 경향과 조선왕조의 역사를 개략적으로 알 수 있는 좋은 자료. 규장각 도서에 있다.

10 조선 중기의 문신 김완(金浣)의 시문집에 기록된 일기. 임진왜란이 발발하던 1592년에서 1598년까지 저자가 직접 전투에 참여하여 체험한 전쟁을 일기 형식으로 쓴 것. 당시의 전쟁 상황 특히 해전의 전황과 일본으로 끌려간 우리 동포들의 생활상 및 탈출 현황이 상세하게 기록되어 있다.

朝藩邦志)』[11] 등과 같은 문헌에서는 국경인의 반역 동기와 관련하여 또 다른 시각을 보여주고 있다. 임해군과 순화군이 함경도로 들어가 회령에 머물며 노복들을 풀어 백성들과 지방 수령들을 핍박하여 인심을 크게 잃었다거나 순화군의 장인 황정욱이 궁노들을 제대로 단속하지 못해 가는 곳마다 침탈하고 소란을 피워 인심을 잃어 반란을 초래하였다고 보는 시각이다. 이들이 끼치는 민폐 때문에 결국 인심이 돌아서고 국경인 같은 인물의 선동이 백성들에게도 영향을 끼치게 되었다고 보는 것이다.

일본군의 포로가 된 두 왕자는 기토 군의 진영에 유폐되어 함흥·한성을 경유, 1593년 2월에 부산에 끌려갔다가 명나라와 일본의 강화 교섭 조건에 따라 1593년 8월 10일이 돼서야 풀려났다.

---

11 조선 중기의 학자 신경(申炅)이 임진왜란 전후 조선과 명나라의 관계와 조선이 명나라의 후원으로 재조(再造)된 사실을 적은 책이다.

의병장으로의 추대

함경도 지역을 일본군과 반란 세력이 완전히 점령하게 되자 함경도 지역의 지방 관리들은 뿔뿔이 흩어졌고, 살아남은 자들은 의병으로서 세력을 규합하기 위해 여러 갈래의 모임을 조직하기 시작했다. 장군도 의병을 일으킬 것을 꾀하여 1592년 7월에는 전 감사 이성임(李聖任)이 피난 중에 있다는 말을 듣고 사방으로 찾던 중 서로 만나 함께 일어날 것을 도모했으나 국세필 등에게 패하여 군중이 무너지게 되어 성취하지 못하였다.

장군은 부상을 입은 채로 샛길로 몸을 빼내어 남으로 내려와 용성에 이르러 무당 한인간(韓仁侃)의 집에 이르게 된다. 밤을 기다려 한인간의 집에 들어가니 한인간이 자세히 쳐다보면서 "아니 평사공이 아니십니까?" 하니 장군은 깜짝 놀라 "나는 서울 상인으로 난리를 만나 여기까지 왔는데 자네는 그 무슨 실없는 말을 하는가?"라고 하였다. 한인간은 속으로 짐작하고 집안으로 모시고 들어가 후히 대접한다. 마침 추석이 되어 한인간이 자기 조상에게 제사하기 위해 만든 제사 음식으로 장군께 드리니 장군은 "예가 이렇게 할 수 없다"고 사양하였다. 한인간은 "우리 집 조상은 천한 사람이나 가령 살아 있더라도 평사가 오셨다고 하면 진실로 이 음식을 먼저 먹지 아니할 것입니다"[12]라고 하였다고 한다. 장군은 그 말에 크게 감격하였고 이 집에서 며칠을 머물게 된다. 그러다가 다시 제자 지달원의 집으로 옮겨가 은신하게 된다.

전쟁이 소강상태로 접어든 1596년 길주목사로 부임하면서 장군은 한인간 부부를 다시 찾아 그 은혜를 보은한다. 『선조수정실록』 26권 선조 25년 9월 1일 "교생 지달원은 집이 경성의 해변가 가장 외진 곳에 있었는데 정문부가 오래도록 그 집에 숨어 있었다"고 기록하고 있다.[13]

1592년 8월 최배천(崔配天)·지달원(池達源)을 만나 경성 어랑리(魚郞里) 이붕수(李鵬壽) 집에서 의병을 일으킬 것을 모의하여 이붕수·최배천·지달원 등을 시켜 동류들을 이끌어 오게 하니 장사 강문우(姜文佑)가 제일 먼저 옴으로써 함경도 탈환의 일등공신이 된 사의사(四義士) 이붕수·최배천·지달원·강문우와 만나게 되고 차츰 병력이 집결하게 된다. 종성부사(鍾城府使) 정현룡(鄭見龍)과 각 진의 수비대장, 피난 온 조정의 관리 서성(徐渻)·이성길(李成吉) 등도 합류하였다. 장군은 맹주를 처음에는 정현룡에게 양보하였으나 정현룡은 굳이 사양하였고 합류했던 모든 이들도 장군을 따르기를 원하였다. 이리하여 장군은 정현룡을 부장, 이붕수를 별장,

---

12 『국역 농포집』, 연보, p.371.
13 『선조수정실록』, 권26, 25년(1592) 9월.

강문우를 척후장으로 임명하였다. 이때 처음으로 100여 명의 조직
으로 시작하여 의병 군으로서의 모습을 갖추게 되었다. 이때 장군
의 나이는 27세였다. 장군의 문집인 『농포집』에 실린 장계(狀啓)[14]에
는 이희당 등 창의를 같이했던 60여 명의 동지가 자세히 기록되어
있다.

9월이 되면서 명나라 원군이 온다는 소문이 퍼지면서 함경도의
민심도 바로 잡히기 시작했다. 더욱이 의주 행재소에서 보내온 방
문(榜文)[15]은 의병 활동에 활기를 불어넣어 주었다. 그 내용은 전국
8도의 의병과 관군이 곳곳에서 일본군을 토벌하고, 명군 10만이
며칠 안에 평양에 도착할 것이며 그 절반은 이미 설한령(雪罕嶺)을
넘었다는 것이었다. 이 소식이 전해지자 정국의 추이를 관망하고
있던 사람은 물론이고 반민(叛民) 중에서도 의병에 합류하기 시작
했다. 진용을 갖춘 의병 군은 비록 숫자는 적지만 피로써 서로 맹
세하고 인근 지역에도 의군이 되어 왜적을 치자고 격문[16]도 보내는
등 사기충천하였다.

영호남이나 그 외 지역에서의 의병의 핵심은 그 지역 유생(儒生)
들이었으나 함경도 의병은 귀양 온 선비, 피난 온 조정의 관리, 각
진의 수비대장, 함경도의 유생, 현직 목민관 등으로 다양하게 구

---

14 예전에 지방에 파견된 관원이 자기 관할의 중요한 일을 글로써 보고하는 일이나 그
런 문서를 이르는 말.
15 여러 사람에게 널리 알리기 위하여 길거리 등에 써 붙이는 글.
16 사람들을 선동하거나 의분을 고취하려고 쓴 글. 적군들을 설복하거나 힐책하는 글과
여러 사람에게 알리려고 각 곳에 보내는 글도 포함됨.

성되어 다른 지역의 의병 구성과는 차이가 있었다. 장군은 당시 정6품의 북평사였으나 관직 서열이 높은 정3품의 종성부사 정현룡, 경원부사(慶源府使) 오응태(吳應台) 등이 장군의 휘하로 들어갔고 장군이 의병장으로 추대되었다. 그 이유는 왜적 치하의 짧은 기간 동안 함경도 지역에서의 주요 간부들이 생포되거나 혹은 피살되어 정문부 장군 정도의 명성을 갖고 있는 사람이 드물었고, 함경도 지역 군 최고 기밀을 다룬 경험이 있으며 동시에 학식과 문장이 뛰어났기 때문이라고 추측된다.

또 하나의 이유로는 정현룡이 일본군에게 항복한 이력이 작용하였을 것으로도 짐작할 수 있다. 임진왜란 당시 사관 출신 문신 박동량(朴東亮)이 쓴 일기 『기재사초(寄齋史草)』[17]에는 "왜군이 공격해 들어오자 종성부사 정현룡이 글을 써서 왜군을 맞이하여 항복하고자 하면서, '나를 사랑하면 임금이고 나를 학대하면 원수다. 누구를 부린들 신하가 아니며, 누구를 섬긴들 임금이 아니겠는가' 하며 판관 임순과 함께 항복하였다"[18]라고 기록되어 있다.

일본에는 없지만 우리에게는 있는 것, 그것은 의병(義兵)이다. 대한민국 임시정부 제2대 대통령을 역임한 독립운동가이면서 민족사학자였던 백암 박은식 선생은 "의병은 우리 민족의 국수(國粹)이자 국성(國性)이다. 나라는 멸할 수 있어도 의병은 멸할 수 없다. 의

---

17 조선 인조 때의 문신 박동량의 일기. 필사본 2권 1책. 서울대 도서관 소장. 저자가 임진왜란 전후의 사실을 기록한 것으로 현존하는 유일한 사초(史草)이다.

18 권태익 역, 「북도의 함락과 정문부의 수복」, 한국고전번역원, 1967.

병은 민군(民軍)으로 나라가 위급할 때 나라의 명이나 징발을 기다리지 않고 자발적으로 일어나 종군하여 싸우는 사람이다"라고 정의하였다.[19]

의병은 조정이나 관군의 지휘를 받지 않으며 민간인이 자발적으로 모인 것이지만 무질서한 조직은 아니었다. 황해도 연안에서 활동했던 이정암이 의병을 일으킬 때 의병에 자원하는 사람들의 이름을 기록한 책『의병약서책(義兵約書册)』을 보면 의병으로 동참하면서 약속한 의병 규율이 있다.

① 적진에 임해 패하고 도망치는 자는 참수한다.
② 민간에 폐를 끼치는 자는 참수한다.
③ 주장의 명령을 한때라도 어기는 자는 참수한다.
④ 군기를 누설하는 자는 참수한다.
⑤ 처음엔 약속하고 뒤에 가서 배반하는 자는 참수한다.
⑥ 상을 줄 때는 적을 사살한 것이 우선이고 적의 목을 베는 것은 그다음으로 한다.
⑦ 적의 재물을 얻는 자는 넉넉하게 상을 준다.
⑧ 남의 공을 뺏은 자는 비록 공이 있어도 상을 주지 않는다.[20]

위와 같이 매우 엄중한 8개 항의 군율을 정한 것은 의병의 성격

---

19 임도혁, 『의병은 살아있다』, 가디언, 2024.
20 이영석, 「임진전쟁시 의병활동의 군사사학적 연구」, 『한국군사학논총』, 2013.

을 잘 말해주고 있다.

　『선조수정실록』 26권 선조 25년(1592년) 9월 1일 자에는 "정문부가 정현룡에게 대장이 되는 것을 사양하였으나 정현룡이 두려워 감히 맡지 못하고, 유생들이 말하기를 본래 의병으로 삼은 이상 평사의 벼슬이 낮다고는 해도 병사의 아관으로 많은 사람이 따르고 있으니 의병대장이라 칭하여 통솔하는 것이 마땅하다고 하여 정문부가 이를 따름"이라고 기록되어 있다.

3장

북관대첩

(1592년 9월~1593년 2월)

북에는 정문부, 남에는 곽재우

북관(北關)은 함경남북도를 두루 이르는 말이다. 경상도 지방을 영남이라 칭하고 전라도 지역을 호남이라 부르는 것과 마찬가지다. 북관대첩은 충의공 농포 정문부 장군을 대장으로 한 의병 6,000과 일본군 제2번대를 이끄는 가토 기요마사 휘하의 2만여 일본 정예병력과의 전투, 국경인·국세필·정말수 등 함경도를 일본에 넘긴 순왜들의 반란 진압 전투, 제3의 세력으로 함경도의 혼란과 공백 상태를 기회로 삼아 침략하려는 여진족과의 전투 등 삼중(三重)의 전투를 모두 포함한다.

장군은 현직 관료가 의병장이 된 특이한 사례로 특히 조선 조정에 적대적이었던 함경도 일대에서 의병 활동을 전개함으로써 결과적으로 선조가 명나라로 망명하지 않게 되었을 뿐만 아니라 일본군이 남쪽으로 철수할 수밖에 없도록 지대한 영향을 끼쳤다.

임진왜란 3대첩 하면 이순신의 한산대첩, 김시민의 진주대첩, 권율의 행주대첩이라고 우리 모두 알고 있지만 세 곳 모두 한반도 남쪽이 전투 현장이다. 함경도를 주 무대로 한 정문부 장군의 북관대첩은 잘 모르는 경우가 많다. 그곳이 지금은 북한 땅으로 남북분단이 그 원인인 결과이기도 하다. 분단으로 인해 우리 역사도 반으로 나뉘어 있는 것이다.

북한 쪽 자료에서는 임진왜란 때 구국의 의병장으로 "북에는 정문부, 남에는 곽재우"라고 칭하며 임진 3대첩에 북관대첩을 포함할 정도로 북관대첩은 위기의 조국을 구한 전투이다.

경성(鏡城) 전투 – 반란군 평정(1592년 9월 16일)

정문부 장군의 함경도 의병이 맨 먼저 착수한 일은 북 병영의 중심이었던 경성의 수복이었다. 경성 전투는 장군이 의병장으로 추대된 후 처음으로 치른 전투이다. 오랑캐들이 난리를 틈타 자주 변방을 침략하니 경성의 국세필이 이를 걱정하고 두려워하였다. 장군은 국세필과 친한 최배천을 보내 거짓 항복하는 체하였고 최배천은 국세필에게 "정 평사가 위엄과 인망이 있으니 진실로 그를 맞아들여 함께하자"고 회유하였다. 최배천이 돌아와 장군에게 고하니 장군은 곧 격문을 날려 국세필을 안심시키려 하였다. 그러나 국세필은 이를 의심하였고 군사를 엄하게 하여 대기시킨다. 장군은 의병을 거느리고 경성으로 가서 성 아래 이르러 국세필을 불러 위협과 회유를 하였으니 마침내 국세필은 장군을 성안으로 맞아들이게 된다.

장군은 영을 내려 대소 관민에게 지난 과오를 묻지 말게 하고 국세필은 전과 같이 군사를 거느리게 하였으며 또 반민으로 일찍

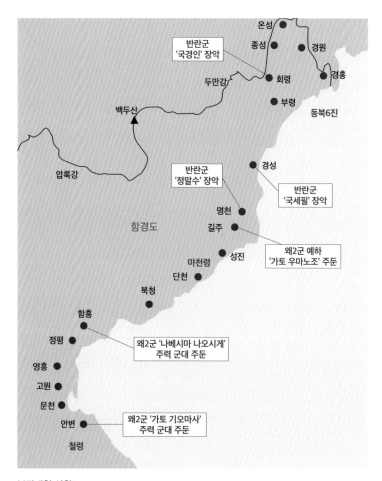

북관대첩 상황도

(지도 내 표기)
온성
종성
경원
반란군 '국경인' 장악
회령
경흥
두만강
부령
백두산
동북6진
압록강
경성
반란군 '정말수' 장악
반란군 '국세필' 장악
명천
길주
왜군 2군 예하 '가토 우마노조' 주둔
마천령
성진
단천
북청
함흥
왜2군 '나베시마 나오시게' 주력 군대 주둔
정평
영흥
고원
문천
안변
왜2군 '가토 기오마사' 주력 군대 주둔
철령
함경도

이 자기를 쏘려고 했던 자도 기용하여 장군의 비장(裨將)[1]으로 삼
았다. 여러 장수가 국세필의 목을 베고자 하였으나 장군은 "급

---

1 조선 시대 감사·유수·병사·수사 등을 따라다니며 일을 돕던 무관.

정문부 평전

히 하는 것은 좋은 계책이 아니다"라며 만류하였다. 한편 국세필
은 그의 심복을 시켜 좌우로 장군의 동정을 살피게 하고 모든 문
서 또한 훔쳐보게 하였다. 장군은 장계를 보내면서 국세필의 일에
는 짐짓 부드러운 말을 써서 그 초본을 다른 원고 속에 끼워 책상
위에 두고 잠깐 화장실에 가는 척하여 국세필로 하여금 볼 수 있
게 하였다. 국세필이 그 내용을 훔쳐보고 기뻐하면서 스스로 안심
하게 하였다. 장군은 국세필의 부하와 군졸들을 시켜 성에 올라가
전술을 익히게 하고 밤이 이슥해서야 끝내는 일을 날마다 되풀이
하였다.

1592년 9월 19일 길주(吉州)에 머물고 있던 일본군이 갑자기 성
아래로 몰려오니 이회당·강문우 등에게 명하여 성 밖으로 공격하
게 하여 10여 차례의 치열한 전투가 벌어져 일본군을 물리치니 일
본군은 시체를 싣고 도망하기에 급급하였고 흐르는 피가 길을 적
셨다고 한다. 의병을 일으킨 뒤로 처음으로 승리하게 되니 이때부
터 장군의 명성이 차츰 함경도 전역에 널리 퍼지게 되었다. 1592년
9월 28일 장군은 각 고을에 다음과 같은 내용의 격문을 보낸다.

귀한 것은 의리요, 사랑할 것은 나라다
나라가 망하면 집인들 온전하겠느냐
아비가 있는데 자식이 어디 가랴
자제들에게 간곡히 타일러서
우리나라를 저버리지 말게 할 것이다[2]

장군의 충정이 들어 있는 이 격문을 보고 북방의 장사들이 감동하여 다투어 와서 의병에 합류하게 된다. 이와 같이 민심을 자극하면 백성들은 반역자가 되기도 하지만 민심을 다독이면 의병이 된다는 것을 국세필과 정문부 장군이 잘 보여주고 있다. 후대에 와서 우암 송시열 선생이 외재 이단하 공에게 보낸 편지에서 "일찍이 그의 임진격문을 읽으면 그의 인품을 상상할 수 있다"[3]라고 하였다. 노봉 민정중 공은 "임진년에 민중에게 유시한 글을 보면 그의 충의와 견식의 탁월함을 볼 수 있다"[4]고 하였다.

한편 장군은 회령(會寧)에 공문을 보내 국경인에게 항복을 권유했으나 국경인은 이를 듣지 않고 오히려 길주의 왜장과 함께 경성을 치려고 준비하였다. 이에 회령 유생 신세준·오언적 등이 국경인과 그의 부하 6명의 목을 쳐서 군문에 바치게 되었다. 한편 명천(明川)의 사람들도 정말수를 쳐서 호응하려 하였으나 되려 정말수에게 패하게 되어 미수에 그쳤다. 이에 장군은 몰래 강문우 등을 보내어 날랜 기병 60여 명을 거느리고 밤낮으로 달려 명천으로 들어가게 하니 정말수가 성을 버리고 달아나는 것을 뒤쫓아 사로잡아 결국 목을 베었다. 장군이 대장기를 앞세우고 남문 다락에 앉아 국세필이 여러 장수와 함께 군례를 행하여 들어오는 것을, 강문우를 시켜 앉은 자리에서 국세필을 잡아 다락 아래로 끌어 내리고 국

---

2 「국역 농포집」, 격문, p.209.
3 「국역 농포집」, 연보, p.373.
4 「국역 농포집」, 연보, p.373.

세필과 그를 추종하던 13명을 목 베어 대중들에게 알리게 하였다.

장군은 "맨 처음 반역을 일으킨 것은 이 무리뿐이니 그 밖의 사람은 관계없다"고 하니 민심이 안정되고 군성도 크게 떨치며 군의 사기가 오르게 되었다. 장군이 여러 장수와 함께 경성을 벗어나 출병하여 왜적을 무찌를 것을 의논하니 정현룡은 경성을 보전하여 기회를 엿보자고 하였다. 그러자 장군은 "이제 다만 스스로 지키는 것만이 어찌 당초 의병을 일으킨 뜻이겠소?"라고 반문하였고 다른 장수들과 장병들은 장군의 뜻에 동조하였다.

장군이 왜군을 무찌르는 동시에 반적(反賊)들을 척결하고 지모(智謀)로써 경성을 무혈점령하였다는 사실은 장군의 지장(智將)으로서의 면모를 여실히 보여주고 있다고 볼 수 있다.

길주·장평(吉州·長坪) 전투(1592년 10월 30일)

9월 16일의 경성 전투에서 100여 명의 적병을 격파하고 명천 이북을 모두 수복하자 길주목사 정희적을 비롯해서 함경도의 모든 장병은 장군 휘하로 집결하여 그 병력이 수천 명에 이르게 된다. 10월 21일 이응성에게 군사 700여 명으로 경성을 지키게 하고 장군은 1,000여 명을 거느리고 출정하여 명천에 진을 쳤다. 이때 일본군은 길주성에 천여 명의 군사가 주둔하고 길주 남쪽 80리 영동에 울타리를 설치하고 서로 왕래하면서 불을 지르고 백성들을 대상으로 노략질을 일삼았다. 장군은 아래와 같이 병력을 배치하여 적을 치게 하였다. 중위장 정현룡으로 하여금 군사 천여 명을

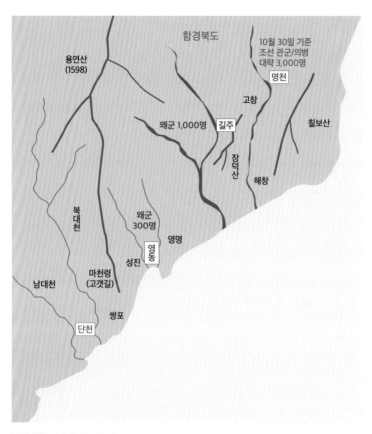

함경북도

10월 30일 기준
조선 관군/의병
대략 3,000명

용연산
(1598)

명천

고창

칠보산

왜군 1,000명

길주

장덕산

해창

북대천

왜군
300명

영명

영동

성진

마천령
(고갯길)

남대천

쌍포

단천

북관대첩 지리 (출처: 붉은 노을의 블로그 https://blog.naver.com/ss920527/222386086376)

거느리고 명천에 주둔하면서 정병 400을 뽑아 두 부대로 나누어 고참 지역에 나가 요로에 복병하고, 좌위장 유경천으로 하여금 마찬가지로 길주 군사 천여 명으로 해정창에 진을 치고 적이 약탈하러 나오는 것을 노리고, 우위장 오응태에게는 길주와 서북보의 정병을 거느리고 보(堡)와 주변 마을에 복병하였다. 종사관 원충서는 길주 북쪽 30리 되는 아간창에 진을 치고 산에 올라 적의 형세를 살피게 하였다.

10월 30일 아침에 적 병력 천여 명이 길주 성문을 나와 장평 가파리 쪽을 향하여 진격하는 상황이 특파대장 원충서의 감시대에 탐지되었다. 이에 의병진은 촌락에 불을 지르고 재물과 가축을 약탈하고 부녀자를 잡아 귀성하는 일본군을 급습한 후 일부러 패한 것처럼 후퇴하여 적을 유인하였다. 일본군은 한인제가 거느린 300여 보병과 원충서 군에게 총공격을 당하자 400여 명을 앞세우고 장령 5명이 중심이 되어 조총을 쏘며 이에 맞섰다. 그러나 한인제가 앞장서 적을 칼로 치고 화살을 쏘아 일본군의 장수 한 사람을 죽여 그 기세를 꺾으니 적이 도망치기 시작하였다. 이에 좌우에서 적을 협력하여 강문우·구황 등의 장수들이 의병들을 거느리고 일제히 공격하여 오후 4시 해 질 무렵까지 치열한 전투가 계속되었다.

이 전투에 패퇴한 일본군은 길주성 동쪽에 있는 장덕산으로 퇴각하게 되었다. 이에 고경민이 부하 장병과 같이 산 위를 막고 있다가 적을 포위 섬멸하였다. 이 전투에서 왜장 5명을 죽이고 무기·말 등을 노획하였다. 적의 머리 800여 급을 베었고 825개의 왼쪽 귀를 베어 별도로 봉하여 최배천으로 하여금 행조에 올리게 하였다. 위와 같은 대승리는 임진왜란 이후 육전에서 가장 큰 승리로 바다의 이순신 장군의 대첩에 버금가는 전투이자 승리였다. 그래서 임진왜란의 두 영웅으로 바다의 이순신, 육지의 정문부, 즉 '북충의 남충무(北忠毅 南忠武)'라 일컫는다. 오늘날에 이르러서는 충무공 이순신 장군만 기억되고 정문부 장군은 잊히는 안타까움을 이

기록으로 남겨 되살리려 하는 것이다.

일본 측 기록인 『고려진각서』는 "길주성 이웃에 있는 장덕진에 포진하여 공격해온 정문부 부대를 성(城)을 나와 요격하던 일본군은 밤이 되어 추위로 동사자가 속출하여 성안으로 퇴각하여 성은 조선군에게 완전히 포위되었다. 성안의 일본군은 혹한의 땅에서 가장 중요한 석탄과 채소의 공급이 차단되어 가토의 오른팔이었던 가토 우마노조가 완전히 무력화되었다"고 기록하고 있다.[5]

우리 측 기록인 『연려실기술』에서는 "정문부를 추대하여 맹주로 삼은 의병은 왜군을 장덕산 밑에서 만나 대파하였고 길주·장평에서 만나 습격해서 일본군을 격파하니 이웃 고을에서도 수만 군중이 일어나 적을 협공 섬멸하니 마천령 넘어가는 적을 추적해 단천에서 세 번 싸워 거의 베어 죽였다"고 기록하고 있다.[6] 후에 역사학자들은 "왜적이 우리나라로 들어온 이후로 우리 군사들이 연패하여 능히 막아낸 자가 없었는데 오직 이순신 장군의 한산대첩과 권율의 행주대첩을 제일이라 하지만, 그 무리가 충의로써 서로 격려하고 온전히 이겨 환란을 극복한 것은 이 승첩에 비길 수 없다"고 하고 있다.[7]

이 전투에서 종래 조선군의 약점으로 보이는 각 군 상호 간의 협조 연계의 미비한 점을 온전히 떨쳐내고 서로 유기적으로 호응

---

5   kyoutaelee@chosun.com 2005. 5. 15.
6   『연려실기술』 권15, 선조조 고사본말.
7   『국역 농포집』, 연보, p.375.

하였기 때문에 적은 수세에 빠지고 결국 패배한 것이다. 전체 병력을 좌·우·중위와 특파대로 구분하여 능동적으로 작전을 실행한 것도 승리의 주요인이었다. 일본군은 쌀 등을 징수하러 다녔으니 그 뜻이 전투에 있지 아니하고 약탈에 있었다. 아군은 결사 분투 일당백의 정병(正兵)이었고 적은 약탈병으로 스스로 약병(弱兵)의 위치에 있었던 점도 고려해야 할 것이다. 또한 조선군은 함경도의 혹독한 날씨와 지형에 익숙하였지만 대부분 북큐슈 지방에서 차출되었던 가토 군은 방한 장비의 부족과 지리의 미숙으로 많은 동상자까지 속출하여 모든 요인이 결국 장군의 대승리로 귀결되었다고 할 수 있다.

가토 기요마사는 자신이 지배하는 함경도에서 반란이 일어나지 않는 것을 자랑하고 평양에서 더 이상 북진하지 못하는 고니시 유키나가 등의 다른 장군들을 비판하였다. 그러나 길주 전투의 경과가 알려지면서 한양 주둔 일본군의 야유를 받고 철군을 재촉받게 된다. 그 당시 가토 기요마사는 길주를 포위 공격하여 자신을 움직이게 만든 적군이 조선군이 아닌 북방 여진족의 군대라고 생각할 정도로 정문부가 이끄는 의병 군의 공격이 위력적으로 느꼈다고 한다. 『기요마사 고려진 비망록』에서는 "오랑캐인들이 맹렬히 길주성을 포위 공격"했다고 썼는데, 길주성을 공격한 것이 조선인이 아니라 오랑캐인이었다고 생각한 것이다.[8]

---

8   김시덕, 「근세 일본 임진왜란 문헌군에 보이는 함경도 지역의 의병 활동에 대하여」,
    『한일군사문화연구』 제12권, 2011.

감사 윤탁연(尹卓然)과의 갈등

칠계군 윤탁연[9]은 임해군을 수행하던 도중에 거짓으로 병이 났다는 핑계로 북청에서 왕자 일행과 떨어진 뒤에 갑산을 거쳐 별해보(別害堡)[10]로 깊숙이 숨어 들어갔다가 함경감사 유영립이 적에게 잡힌 뒤 조정에 재빠르게 연락하여 감사의 자리를 차지하게 된다.

감사 윤탁연은 경기도 관찰사·한성부 판윤·형조판서·호조판서를 역임하였으며, 선조의 특명으로 함경도 관찰사에 임명되었다. 그는 시문에 능하며 '조선 8대 문장가'의 한 사람으로 칭송도 받았지만 북방까지 온 조정의 중신으로서 적을 한 명도 사로잡은 공로가 없었다. 그래서 정문부 장군의 공로가 자기보다 우월한 것에 시기의 마음을 품고 있었다.

윤탁연은 "평사는 본래 일개의 보좌관임에도 불구하고 스스로 대장이라 칭하여 자기의 분수를 어긴다"고 하고 감사의 절제와 지시를 따르지 않자 장군이 세운 전공을 정현룡이 세운 것으로 거짓 보고했다. 또한 장군의 군사들이 적의 수급을 가지고 관남[11]을 지나면 그것을 모두 빼앗아 자신의 공로로 둔갑시켰다. 심지어 감사

---

9   청주 출생. 퇴계 이황의 문인이다. 그의 생애 중 중요한 일화로 명종 임종 시 영의정 이준경의 명으로 주서직에 있던 그가 덕흥군의 셋째아들을 후계자로 삼으라는 명종의 유언을 작성하면서 변조가 쉬운 '三'을 '參'으로 변조가 어렵게 표기하여 후일 왕위 승계한 덕흥군의 셋째아들 선조의 총애를 받게 된다. 정문부 장군과의 관계에 있어서 윤탁연의 입장에서 윤탁연의 잘못이 없다는 논거를 제시한 논문으로 서수용의 「중호 윤탁연 연구」, 류주희의 「임진왜란을 전후한 윤탁연의 활동」 등이 있다.
10   지금의 함경남도 장진군 군내면이다.
11   마천령을 경계로 북쪽을 북관 또는 관북이라 하고 남쪽을 관남이라 한다.

의 직책을 앞세워 장군을 굴복시키고자 군법으로 처단하겠다고 국문까지 하였다. 함경도에서의 장군의 위대한 공적을 윤탁연은 뒤집어서 조정에 거짓 보고하였기 때문에 장군의 업적이 선조에게 제대로 전달되지 못하였다.

이러한 일은 관북 의병에서만 있었던 일은 아니다. 경상감사 김수가 영남 의병장 곽재우의 전공을 못마땅히 여겨 상호 반목이 심하였고, 호서 의병장 조헌을 관찰사나 수령들이 협조하지 않고 방해하려고 했으며, 황해도 초토사 이정암의 전승을 관찰사 유영경이 못마땅히 생각했다. 이러한 불미스러운 일은 관군과 의병 간의 공로에 대한 경쟁과 시기에서 빚어진 것이다. 의병은 관군이 자기 역할을 제대로 수행하지 못하였기 때문에 봉기한 만큼 무능한 관군을 탓하게 되었고 관군은 정규군이라는 정통성을 내세워 의병을 통제하려는 권위의식으로 인해 의병과 관군의 불화가 시작되었고 이는 임진전쟁 내내 계속 이어졌다.

감사 윤탁연은 의병의 성격은 무시하고 의병대장의 임무를 회령부사 정현룡으로 바꾸게 된다. 정현룡은 당초 왜적에게 "나를 위하면 임금이고 나를 학대하면 원수다. 누구를 부린들 신하가 아니며 누구를 섬긴들 임금이 아니겠느냐"는 내용의 항표(降票)까지 내어 항복하려는 것을 판관 임순이 이를 막아 항복도 못 하고 있던 차에 다행히 정문부 장군의 휘하에 들어가 일정 부분 공을 세우게 된다. 그러나 윤탁연은 장평·임명·단천·백탑 등지에서 전투에 승리한 공까지도 모두 정현룡의 것으로 꾸며 보고한다. 그 결과 정현룡은 가선대부(종2품)까지 오르고 북병사의 중임까지 맡게 된다.

윤탁연은 회령부사 정현룡을 의병대장으로 임명한 지 한 달도 못 되어 경원부사 오응태를 의병대장에 임명했다. 그뿐만 아니라 각 진의 장수를 한꺼번에 다 바꾸어버린 탓에 장수로 하여금 본직을 알지 못하게 하고 군졸로 하여금 그 장수가 누군지 알지 못하게 하여 군정이 흔들리고 사기가 떨어지게 하니 그 까닭을 알지 못하겠으니 염려스럽다고 장군은 기록하고 있다.[12]

장군은 다만 국세필 일당을 진압하였다는 공으로 통정(정3품)에 오르고 1594년 3월(선조 27년) 영흥부사 지방관에 임명되는 데 그친다. 북쪽 사람들은 정문부 장군의 공덕을 추앙하며 "병마절도사가 되기를 모두 원하였으나 장군은 강개한 성품으로 교제가 적어 끝내 크게 쓰이지 못하였다"고 『선조수정실록』이 기록하고 있다.[13]

6진을 순시하며 여진족을 제압하다

1592년 11월 21일에 윤탁연은 의병대장 정문부가 자기의 막하관인 평사라는 점을 들어 관찰사의 직권으로 장군으로 하여금 평사의 본직으로 돌아가게 하였다. 장군은 직위해제의 통첩을 받고 수하의 의병 3,000여 명을 정현룡에게 넘겨주었다. 그리고 단지 50여 명의 군사만 거느리고 6진(부령·경성·온성·회령·경원·경흥)을 순

---

12 『국역 농포집』, 연보, p.377.
13 『선조수정실록』 권27, 선조 26년 1월.

시하며 여진족을 따뜻하게 어루만지며 각 읍의 죄 있는 자는 베고 공 있는 자는 표창하였다. 여진족들이 장군의 위엄을 두려워하여 약탈품과 납치한 조선인을 모두 돌려보내자 장군은 여진족의 추장 등 100여 명을 초청하여 덕으로서 타이르니 모든 지역의 여진족이 다시는 조선 땅을 침범하지 않았다.

여진족은 16세기 말 발해가 멸망하기 전까지는 우리와 같은 민족의 피를 공유하였고 문화적으로도 고구려의 후예이기도 하였다. 12세기 금나라를 건설하여 만주·몽고 등 북방의 땅을 지배하고 있을 무렵에도 흰옷을 즐겨 입고 온돌에 거처하는 풍속을 가지고 있었으며 금나라 왕실의 조상은 고려의 황해도 평산(平山) 출신이라고 자랑하였다고 전해진다. 우리나라에서는 야인으로 취급하여 고려 때는 윤관(尹瓘), 조선에 와서는 김종서(金宗瑞)를 보내 6진을 개척하게 하고 1587년(선조 16년)에는 여진족 추장 니탕개가 2만여 군을 이끌고 쳐들어와 함경도 경원부를 점령하고 종성으로 쳐들어오자 온성부사 신립(申砬)이 이를 소탕한 일도 있었다. 당시 북방에서 우리를 괴롭히는 가장 큰 세력이 이 여진족이었으므로 조선에서는 무관에 합격한 이들을 의무적으로 북방에 근무하게 하였다. 이순신 장군도 이 북방 근무를 하였다.

정문부 장군의 6진 점령은 윤관과 김종서에 이어 세 번째로 이 지역을 다스린 위대한 공적이라고 평가할 수 있다. 국사 교과서에서 북방 정벌과 관련하여 윤관과 김종서에 대해서는 비중 있게 다루지만, 정문부 장군에 대해서는 소홀히 다룬다는 사실은 매우 안타까운 일이다. 노산 이은상 선생은 북방 영토 수호의 3대 영웅으로 윤관, 김종서 그리고 정문부 장군을 꼽았다.

의병장으로 복귀하다

장군이 의병대장에서 물러나자 6,000여 명의 의병들이 뿔뿔이 흩어지므로 윤탁연은 정현룡을 절도사 겸 병사로 임명하고 경원부사 오응태를 의병장으로 임명하였다. 또한 정문부 장군을 다시 평사직으로 불러 북병사 정현룡의 명을 받게 하였다. 그러나 장군이 이에 따르지 않고 마음대로 북방을 순시하였다고 하여 윤탁연은 장군을 신문까지 하였다. 윤탁연이 정문부 장군을 얼마나 시기하고 미워하였는지 잘 알 수 있는 부분이다. 이렇게 되자 각 진의 군정도 문란해지고 위계질서도 점점 무너져 군기가 완전히 무너지고 말았다.

결국, 할 수 없이 1593년(선조 26년) 1월 13일에 경원부사 오응태를 대장직에서 해임하고 정문부 장군을 다시 의병대장으로 임명하게 되었다. 장군이 해임되자마자 의병들이 흩어지고 반민들이 다시 봉기할 기미가 보이며 왜적의 침입이 계속 염려되는 상황에서 윤탁연은 자신의 신변 안전을 위해 장군을 의병장으로 다시 임명하지 않을 수 없었기 때문이다. 어떤 이가 장군에게 이 명을 따르지 말 것을 권유하였으나 장군은 "처음에 내가 만 번이나 죽을망정 의병을 일으켜야겠다고 한 것은 다만 국가를 위하여 죽음을 각오한 것이다. 이제 죽을 곳을 얻었으니 어찌 공을 빼앗긴 것을 억울하게 여겨 작은 혐의를 가지고 국가의 위협을 생각하지 아니하겠는가? 이것은 내 본뜻이 아니다"[14]라고 했다.

장군이 필마단기로 길주에 들어서자 흩어졌던 의병 6,000여 명이 다시 장군의 휘하로 집결하여 사기가 매우 충천하였다. 윤탁연은 조정에서 함경도 실정을 알아보기 위해 보낸 관리들에게 후한 뇌물을 주어 환심을 사게 하였으며 이들이 조정에 돌아가서 윤탁연을 옹호하고 칭찬하여 윤탁연이 올린 장계를 인정하고 장군이 올린 장계는 조정에서 받아들이지 않았다. 장군은 의병대장으로 장평·임명·단천·백탑 등지에서 위대한 전공을 세웠으나 왜적 토벌의 공적은 정현룡에게 돌아가고 장군은 단지 국세필 등을 제압한 공로로 1594년(선조 27년) 3월에 영흥부사·길주목사 등의 지방관에 임명되는 데 그쳤다.

후에 외재(畏齋) 이단하(李端夏)가 말하기를 "일찍이 군세에 아부하지 않으니 공을 아는 사람은 적고 공을 모르는 사람이 많았다. 윤탁연이 일찍이 형조·호조판서를 지내고 공신으로서 칠계군에 봉해지고 선조의 신임을 샀기 때문으로 본다. 나라에 대한 걱정보다는 뇌물을 많이 밝혔고 위에 많이 바쳤기 때문이라고 본다"고 평하였다.[15]

---

14 『국역 농포집』, 연보, p.377.
15 최영희, 『정문부묘역 활성화를 위한 연구』, 의정부문화원, 2014.

연전연승을 이어가다

쌍포·임명(雙浦·臨溟) 전투(1592년 12월 10일)

10월에 길주 장평(장덕산) 전투에서 크게 패한 왜군은 그동안 성문을 굳게 닫고 있었다. 이들을 포위하고 있던 정문부 장군의 의병 군은 병력 3,000여 명을 동원하여 직접 길주성을 공격하였다. 왜병들은 결사적으로 성을 지키기에 힘쓰니 피아간에 사상자가 많이 발생하였다. 이에 장군은 전략을 바꾸어 병력을 구분하여 4~5개 지점에 잠복하고 주야로 적을 살피게 하여 적이 성 밖으로 나오면 이를 포위 격멸할 준비를 갖추고 있었다. 이때 왜병의 일부 병력은 마천령 밑에 있는 영동을 지키는 동시에 거점을 구축하고 있었는데, 장군은 먼저 책성(柵城)의 적을 쳐서 적 후방과의 연락을 끊는 동시에 길주성을 고립시켜 적의 주력을 송두리째 공멸시킬 계획을 세우고 삼위(종위장 종성부사 정현룡, 좌위장 고령첨사 유경천, 우위장 경원부사 오응태)의 주력군을 책성 밖으로 옮기게 하였다.

이에 책성의 수비병 400여 명이 길주와의 연락을 위하여 책성을 떠나 임명촌으로 향하였다는 정보를 듣고 미리 수립된 전략대로 병력을 남쪽으로 돌려서 먼저 적을 치기로 하였다. 길주와 책성의 왜적들은 장군의 작전 계획을 알지 못하고 길주를 굳게 지키면서 한편으로 책성 방면에서는 마음 놓고 북진하였다. 의병 군의 배치 상황을 파악하지 못한 적은 방심한 상태로 길주로 향하다가 미리 매복하고 있던 복병장 김국신 부대의 집중 공격을 받아 조직적인 대응을 포기한 채 도주하였다. 이것을 본 김국신은 수십 기의 병사를 거느리고 추격하여 아군의 포위망으로 유인하였으며 총성을 신호로 삼위의 의병들이 일시에 일어나 전후좌우에서 일제 공격을 시작하였다.

적은 혼비백산하여 무너지니 장군도 북을 울려 총공격을 명령하였고 적을 무차별적으로 베었다. 적의 마지막 1인까지 최후의 저항을 하였으나 정현룡·오명수·이계남이 400여 명을 거느리고 적의 중앙을 돌파하니 피아간 백병전이 벌어지고 김원석은 적장으로부터 빼앗은 대도로 닥치는 대로 적을 베어 나가니 시체가 산을 이루었다고 한다. 적은 결국 대패하고 도주하였다. 적의 수급만 100여 급에 이르러 적병의 왼쪽 귀를 잘라 승리의 장계와 같이 행재소에 보냈다고 한다. 『선조수정실록』에는 적의 수급이 60급이라고 기록되어 있으나 『농포집』에는 적의 수급이 100여 급이라고 기록되어 있다.

길주성 남문 밖 전투(1593년 1월 19일)

길주 쌍포(임명) 부근에서 적을 크게 격퇴한 정문부 장군은 길주성을 포위한 채 새해를 맞았다. 왜적들은 급수원과 보급선이 끊긴 채로 함경도의 엄동설한을 견뎌야 했기에 사기와 군세가 거듭 침체하고 있었다. 게다가 명의 구원병이 조선에 참전하고 마침내 평양성을 탈환하였다는 소문이 들리면서 적의 기세는 날로 떨어져갔다.

1월 19일에 복병장 원충서는 수십 기의 매복병을 거느리고 길주성 남문 밖에 잠복하면서 성안의 동정을 살피고 있던 차, 적병 100여 명이 불시에 성문을 열고 돌진하여 남문 밖에 10리 되는 곳까지 출격하였으나 아군은 적을 유인하여 그 퇴로를 끊고 포위 섬멸하기 위해서 결전을 피하면서 지속 유인하였다. 이때 적장이 혼자서 말을 타고 아군 상황을 정찰하려고 나오는 것이었다. 이에 복병장 원충서는 정예병 10여 명을 거느리고 고함을 지르며 화살을 쏘면서 달려들었고, 말이 먼저 놀라 내뛰자 적장은 그의 검을 뺄 새도 없이 말에서 떨어졌다.

이것을 바라본 적병들이 조총을 쏘면서 급히 돌진해오자 피아간에 접전이 벌어지게 되었다. 적병들이 말에서 떨어진 적장을 구출해 도망치려 하자 종성갑사 신수가 달려와 일격에 왜군 한 명의 목을 베었다. 이어서 적장의 목을 베려고 하자 왜군들은 적장을 그대로 놔두고 도망치려고 하였다. 우리 군사들이 일제히 화살을 쏘아 넘어뜨리고 다시 적장을 베려고 할 때 왜병 수십 명이 나타나 신수를 포위한 채 사살하려고 달려들었다. 이때 우리 군의 매복병 수십 명이 활을 쏘면서 신수를 위기일발 상황에서 구해내고 결국 적은 적장을 내버려 둔 채로 도망치게 되었다. 그러나 다른 매복병들이 전후좌우에서 활을 쏘아 퇴로를 막으니 적은 저항할 새도 없이 남문을 향해 도망쳐 들어갔다.

이후 적들은 감히 성문 밖으로 나올 생각을 못 하였다. 이 전투로 길주성 안의 적병의 사기가 크게 떨어져 결국 열흘 뒤 백탑교 전투에서 크게 패하여 길주성을 버리고 퇴각하게 되었다.

단천(端川) 전투(1593년 1월 23일)

어디를 파도 모두 은광석이 나왔다는 말이 있을 정도로 은광이 유명한 단천군에는 가토 기요마사의 부장 가토 우마노조가 거느리는 적병 800여 명이 주둔하고 있었다. 단천군수 강찬이 정문부 장군을 찾아와서 하는 말이 "단천의 적이 제멋대로 부근 일대를 횡행하고 약탈과 폭행을 일삼고 있어도 단천의 관병이 모두 보졸(步卒)일 뿐만 아니라 겁이 많아 싸우기에 앞서 먼저 도망가는 형편입니다. 장군께서 일부 병력을 내어주셔서 이 적을 무찔러 주시기 바랍니다"라고 하였다. 이에 장군은 여러 장수의 의견을 듣고 "길주의 두 군데 적이 형세가 꺾여 머리를 움츠리고 있는데 내가 우두커니 강병을 쉬게 하고 어찌 구원하지 않겠는가"[16]라고 하며 군사를 보내기로 하였다.

장군은 정예병력 200명을 뽑아 오촌권관인 구황 등 네 장수를 50명씩 4대로 편성하여 1월 20일에 산길을 올라 남쪽으로 내려가

---

16 『국역 농포집』, 연보, p.378.

서 22일 단천군에 도착하게 하였다. 그리고 단천군수 강찬과 작전을 협의하여 정예병력은 성 밖에 잠복시켜 두고 단천 군사 30여 명으로 먼저 성안에 있는 적에게 진격하게 하였다. 성안에 머물고 있던 적은 앞서 승전을 거둔 것만 믿고 200여 명이 한꺼번에 성 밖으로 나오니 단천 군사들은 거짓으로 패한 척하여 철수하면서 잠복하고 있던 정문부 장군의 구원군 쪽으로 유인하였다. 적병이 매복지역에 도착하자 네 대의 군사가 한꺼번에 나와 좌우를 포위하고 도망가는 적을 좇아 거의 전멸시켰으니 겨우 30여 명만이 간신히 성문 안으로 도망쳤다. 그들조차도 화살에 맞아 성한 병력이 없었다고 전해지며 이 전투를 통해 적의 시체 100여 구를 전과로 수습하였다.

이 전투에서 승리한 구원군은 단천군 부근에서 작전을 계속하여 수색하면서 치안 확보에 힘썼다. 한편 가토 기요마사는 길주 일대의 긴급 상황을 보고받고 이를 구원하기 위해 부장 사사 마사모토로 하여금 정예병력 수백 명을 거느리고 북상토록 하였으며 나베시마 나오시게의 부장인 류조지 이에하루도 군사를 이끌고 같이 북상하게 하니 구원군의 주력은 일단 명천으로 귀환하였다. 그리고 5일 뒤 북상하는 일본군과 우리 의병 사이에 건곤일척의 승부인 백탑교 전투가 벌어진다. 단천군수의 요청에 따라 정문부 장군이 군사를 내어 왜적을 물리쳤으며 이때 단천군수의 관군은 30여 명밖에 되지 않았기에 승리의 전공이 정문부 장군에게 있었다고 할 수 있다. 그러나 정문부 장군을 시기하던 윤탁연은 단천군수 강찬에게 공이 있었다고 조정에 허위로 장계를 올렸다.

백탑교(白塔郊) 전투(1593년 1월 28일)

정문부의 의병은 길주성을 겹겹이 포위한 채로 임진(壬辰)년 (1592년)을 보내고 계사(癸巳)년(1593년)을 맞이하였다. 길주성의 왜병들은 성을 지키고는 있으나 식량과 말먹이·연료·식수 등 일체의 보급이 끊어진 상태에서 함경도의 혹독한 겨울을 보내게 되었고 점차 절망에 빠졌다. 안변(安邊)에 본진을 두고 있던 가토 기요마사는 길주성의 위급 상황을 보고 받고 함흥(咸興)에 주둔하고 있던 나베시마 나오시게와 협의하여 본진의 군사를 이끌고 고립되어 있던 길주의 부하들을 구원하고자 함께 진군하였다. 이 무렵 한양의 일본군 총사령부로부터 한양 방면의 전선 축소 방침과 철군 명령을 받았고 1월 초순에 평양으로부터 고니시 유키나가가 퇴각한다는 소식을 접하게 된다. 이제 북방 전선에서 일본군이 장악하고 있는 곳은 함경도 일대뿐이라는 사실에 당황한 가토 기요마사는 그의 부장인 사사 마사모토에게 정예병력 수백 명을 주어 길주 구원에 나서게 하고 나베시마 나오시게 역시 그의 부장 류조지 이에하루에게 군사를 이끌고 이를 지원하도록 하였다. 한편 가토 기요마사는 함경도 북부 일대를 다시 회복하기 위해 직접 북진하고 있다는 거짓 정보를 조선군에게 흘려 선전전에 나섰다.

1월 23일에 단천 전투에서 패주한 가토 우마노조가 북상해오는 일본군과 합류하여 정문부의 단천 파견군을 압박하자 아군은 서서히 후퇴하면서 동시에 일본군의 군세 전모를 완전히 파악하는 데 집중하였다. 1월 27일에는 마천령을 다시 넘어 명천의 정문부에게 자세한 적의 현황을 보고하였다. 이날 일본군은 살을 에는 모진 혹한에 시달리며 천신만고 끝에 마천령을 간신히 넘어 영동관 책성을 수비하던 적병을 길잡이로 하여 길주성 방향으로 북상하였다. 이때 정문부 장군의 본영에서는 상황을 완전히 파악하고 휘하의 전 병력 3,000여 명을 출정시켜 27일 저녁 무렵에는 임명에 도착하였다. 이곳에 정예병력 600여 명을 매복병으로 배치한 채 전투 준비를 끝마쳐놓았다.

적들은 의병들이 몇 명 안 되는 줄 알고 지나치자 장군은 복병을 풀어 그 뒤를 끊고 삼위의 굳센 군사들을 지휘하며 말을 몰면서 "나는 오늘 나라를 위해 죽으리라"며 진군하였다. 일본군이 접근하자 복병장 구황이 일시에 강궁을 쏘아 선두에 있던 적을 제압하였다. 일본군은 이때 혹한으로 조총을 제대로 쓰지도 못하고 급습에 놀란 말들을 제어하지 못해 더욱 혼란에 빠졌다. 이 틈을 타 박은주·강문우·인원침 등이 적진에 뛰어들어 분전하고 김국신 역시 기마를 이끌고 적의 본진을 쳐들어가 적군에게 치명타를 입혔다. 백탑교 근처에서 적의 진로를 차단하며 시작된 전투는 아침 8시부터 저녁 6시까지 60여 리의 전장을 따라 격렬하게 진행되었고 아군도 이붕수가 일본군 조총의 집중 사격을 받아 장렬하게 전사하였다.

외재 이단하는 정문부 장군도 이붕수가 아니었으면 거의(擧義)할 수 없었고 이붕수는 장군이 아니었으면 공(功)을 이루지 못하였을 것이라 했다.[17] 이붕수는 경성(鏡城) 사람으로 젊었을 때부터 뜻

---

17 『국역 농포집』, 부록, p.243.

이 있었고 기개가 비범하였다. 함경도가 왜적의 손에 들어가고 국세필·국경인 등 반역의 무리가 난을 일으킬 때 맨 먼저 거의할 것을 꾀하였다. 이붕수는 문무가 겸비하고 남에게 존경받는 자를 주장으로 삼고자 하여 그런 사람을 찾고 있던 차에 장군이 지달원·최배천과 더불어 이붕수의 집으로 찾아오니 이붕수가 크게 기뻐하며 자기 재산을 기울여가면서 장군을 주장으로 삼아 반역의 무리를 죽이고 왜적을 토벌하여 큰 공을 세우게 된다. 그러나 안타깝게도 이 백탑교 전투에서 죽음을 맞이하게 된다. 후에 사헌부 감찰로 추증되었으며 장군이 길주목사로 있을 때 이붕수를 제목으로 한 시험을 선비들에게 내기도 하였다.

원충서는 복병을 지휘하여 돌격을 감행하면서 용맹을 떨쳤고 이성길의 분전도 돋보였다고 한다. 이와 같이 정문부의 의병들은 모두 혼연일체가 되어 적들을 공격하니 적장 사사 마사모토와 류조지 이에하루는 간신히 혈로를 뚫고 해 질 무렵에야 겨우 길주성으로 도망칠 수 있었다. 응원 병력과 수비 병력이 합세하여 적의 병력이 증원되고 여러 차례 거듭되는 전투로 지친 아군의 상태를 본 정문부 장군은 일본군이 길주성에서 대오를 정비하여 반격할 경우 승리를 보장할 수 없다고 판단하였다. 그리하여 일단은 길주성의 포위를 풀고 명천으로 물러나 전투태세를 재정비하기로 마음먹는다.

한인제가 "적은 반드시 퇴각할 것이니 여기에서 감시하면서 밤새워 적정을 살피다가 그들이 철수할 때 그 뒤를 쳐서 모조리 격멸하는 것이 좋겠다"며 강력히 반대 의사를 밝혔다. 그러나 장군은 일단은 군사와 장령을 모두 명천으로 물러나게 했다가 다시 종성부에서 본진이 휴식하며 재편하기로 결정하였다.

이 사실을 오해한 명천과 경성의 백성들은 장군이 패하여 적에게 쫓기고 있는 것으로 착각하고 크게 동요하여 산으로 피난하는 일이 벌어져 백성들이 피해를 입는 일이 벌어졌다. 이는 결과적으로 장군의 판단 실책이었으며 조선군의 정보력 부재를 아쉬워하지 않을 수 없었다. 한인제는 보병 30여 명을 데리고 길주성을 바라보는 지점에서 잠복하여 적정을 탐지하고 있었는데 이튿날 아침 29일 척후병이 돌아와 "길주성 안에서 불꽃과 연기가 충천하고 있습니다"라고 보고하였다. 한인제가 급히 성안으로 들어가니 적 수비병은 밤사이 줄행랑을 놓아 성안이 텅 빈 상태였고 20여 명의 병약자만 남아 있어 이들을 포로로 한 후 화재를 모두 진압하여 관서와 곡창을 온전히 보전케 하였다. 적들은 밤새도록 시체를 모아 화장하는 한편 황급히 서둘러 철수를 시작하여 밤새 밥 지어 먹을 틈도 없이 도주하였다.

이와 같은 사실을 급보로 정문부 장군에게 보고하자 장군은 몇몇 장졸들을 거느리고 급히 달려와 한인제의 손을 붙잡고 "그대가 이렇게 신명처럼 적정을 판단하고 적들의 야간 철수를 예언할 수 있었는가? 또한 이렇게 사후 조치도 어찌 이리 잘할 수 있었는가"라고 칭찬하였다. 동시에 "내가 북쪽으로 가는 것을 굳게 막을 장령이 어찌 없었는가?"라고 한탄하였다.

길주성을 수복한 한인제는 남쪽으로 퇴각한 적을 쫓아 남김없이 무찔러야 할 것이라고 주장하였으나 장군은 또다시 염려하여 말하기를 "북쪽에 있는 오랑캐들의 동향이 심상치 않다고 하니 이제 전력을 다하여 적을 뒤쫓아가면 북관이 텅 빌 터이므로 이것이 걱정이요"하며 한인제 군사만으로 적을 쫓아가게 하였다. 적은 이미 단천·이원·북청·통원군 등에 있던 주둔 병력을 모두 한양으로 철수시켰으며 이유일 또한 적을 추격하려고 하였으나 남병사 겸 대장이었던 성현문이 이를 허락치 않고 병력을 빼앗아 추격하지 못하게 하였다. 결국 적을 일망타진할 기회를 놓치고 말았던 것이다.

조선의 대표적 실학자 중 한 사람인 순암(順菴) 안정복(安鼎福)은 이때의 가토 기요마사를 이렇게 묘사했다. "기요마사의 용맹과 사나움은 왜장 중의 으뜸이다. 한번 북 치며 철령을 넘어 북쪽 땅을 유린하고 야인(野人)들의 경계까지 이르렀으니 이 부대의 흉악함과 사나움을 알 수 있다. 그러나 장군을 만나 한번 대패하고는 머리를 감싸 쥐고 쥐새끼처럼 도망쳤다." 그러면서 "정문부를 삼남(三南)의 병사(兵使)로 기용했다면 기요마사가 어찌 감히 진양(晉陽)을 함락시키고 남원(南原)을 도륙할 수 있었겠는가?"라며 못내 아쉬워했다.[18]

백탑교 전투의 승리로 관북 지방은 완전히 회복되었다.

이상과 같이 정문부 장군의 함경도 지역에서의 활동을 살펴보았다. 그러나 당시 조정(선조)은 사헌부에 의해 여러 번 파면이 상신될 정도로 부패하고 또한 왕자를 수행해 오다가 왜적이 접근한

---

18 구범회, 「조선사 그 겉과 속」, 《수원일보》, 2023. 1. 9.

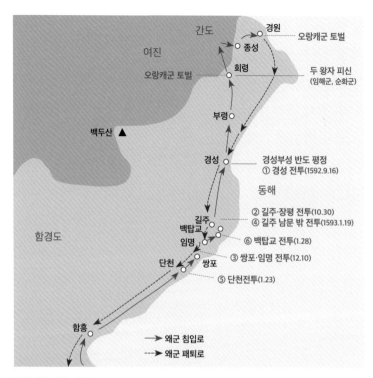

북관대첩 전투 지역도(출처: 제산공인의 블로그, https://blog.naver.com/9780632/221731147854)

다는 소식을 듣고 거짓으로 병을 핑계 삼아 삼수갑산으로 도망친 전력이 있는 윤탁연의 말만 믿었다. 장군의 혁혁한 전공을 축소와 거짓으로 일관한 윤탁연이 올린 장계만 믿었던 것이다. 그리하여 결국 장군이 의병장직에서 물러나기도 하였다.

이것이 장군이 오늘날까지 빛을 보지 못하게 된 원인 중 하나다. 감사의 막하라는 한계성을 지니고 있어 의병을 운영하는 데 많은 어려움이 있었다. 감사의 시기와 모략을 받았으며 감사가 조정에 잘못된 보고를 함으로써 전후 논공행상의 대열에도 참여치 못하였고 공을 세운 휘하 의병들도 제대로 대우받지 못했다. 장군은 당초 공명심을 가지고 의병을 일으킨 것이 아니라 오직 나라와 백성을 구하기 위해 왜적을 격퇴한 것이고 이때 장군의 나이도 한창 혈기 방장하고 감수성도 예민한 28세 때라 윤탁연 같은 자에게 아부하여 출세하려는 의도가 전혀 없었던 것이다.

그러나 길주 전투에 대한 기술은 가토 기요마사가 등장하는 임진왜란 문헌에 빠짐없이 기록되고 있으며 근세에서 근대에 걸쳐 인쇄된 일본의 풍속화 우키요에(浮世繪)에서도 자주 나타나고 있다. 이는 길주 전투에서 조선군에게 당한 패배가 일본군에게 강한 인상을 남겼기 때문이다. 근세 일본의 임진왜란 담론에서 주요한 위치를 차지하는 거의 유일한 의병 전투이다. 식민지 시대에 일본군이 북관대첩비를 야스쿠니 신사로 반출한 것은 길주 전투 패배의 기억이 당시까지 이어지고 있었다는 사실을 보여주는 상징적인 사례라 하겠다.

정문부 장군이 일본군 제2군으로 2만여 왜병을 이끌고 온 가토 기요마사의 주력 부대를 함경도에서 연전연승으로 물리쳐 조선의 온전한 영토를 지켜낸 것은 이순신·권율 장군의 승전과 함께 앞으로도 많은 연구가 이루어져 우리 국민으로부터 그 이름과 함께 널리 알려지고 또 추앙받는 날이 오기를 기대한다.

북관대첩의 승리 요인으로 다음 세 가지를 말할 수 있다. 첫째, 기존 서열을 무시하고 직급으로는 정문부 장군이 아래였으나 오로지 능력 위주로 군을 재편하였다는 것이다. 둘째, 강인한 정신력으로 무장한 함경도 의병들을 결사대로 구성하여 기습전과 게

릴라 작전을 펼친 것이다. 셋째, 천시(天時)와 지리(地理)가 일본군보다 우리에게 유리하게 작용하여 함경도의 혹독한 겨울 날씨와 험준한 지형으로 후방에서 병참을 단절시켜 연락병과 첨병들을 철저히 차단한 것이었다. 때마침 들려온 조명 연합군의 평양성 수복 소식과 남해안에서 이순신 장군의 활약으로 보급선이 끊기면서 전황이 일본군에게 수세로 돌아서면서 기습전에서 계속 패하여 결국 군사 절반도 데려가지 못한 채 패주하게 된 것이다.

도요토미 히데요시도 일본의 치욕이라 하였고 일본군은 이후 함경도 의병이라면 치를 떨었다고 한다. 일개 성을 지켜 낸 정도가 아니라 하나의 도 전체를 적과의 전투로부터 승리하여 수복에 성공한 큰 공이라 하지 않을 수 없다. 이러한 승리는 의주에 피신해 있는 선조를 보호하는 데도 결정적인 역할을 하였다고 볼 수 있다. 또한 이 전투는 평양성 전투와 함께 전쟁의 국면을 조선에게 유리하게 이끌었다. 이 과정에서 일본군 2번대 전체 병력 2만 7,800명 중 약 40%인 8,700명이 사망 또는 실종된 것으로 파악된다.

임진왜란 최대의 육지전에서 가토 기요마사의 패배는 히데요시를 비롯한 전 일본군의 조선 통치가 불가능하다고 인식시켜준 전투다. 이때 패전한 왜군 수장이 "돌이 물에 뜨고 가랑잎이 물에 가라앉는다 해도 조선인을 지배할 수 없다"[19]고 혀를 찼다는 문헌이 남아 있다고 한다.

---

19 데일리안, 〈북관대첩비 환국에 열정 다 바친 초산 스님(naver.com)〉, 2005. 6. 17.

정문부 평전

나고야외국어대학 누키이 마사유키 교수는 북관대첩이야말로 행주대첩·한산대첩에 필적하는 대승리라고 말한다.[20] 이렇게 일본 학자들도 조선 의병장 중 정문부의 전과가 가장 컸다고 말하고 있다. 1회성 전투였던 다른 의병장들의 대첩과는 달리 지속적인 승리의 기록이기 때문이다. 3,000명도 되지 않는 함경도 의병들이 일본에서는 전쟁의 신이라 불리고 일본 군단 가운데 최강의 군단이며 특히 최신예 철포(鳥銃) 부대를 배치해서 부산에 상륙하여 함경도까지 절대 지지 않았던 군단 2만 8,000여 명의 가토 기요마사 군을 물리친 것이기 때문이다. 마치 그리스의 스파르타가 페르시아의 대군과 혈투를 벌인 테르모필레 전투를 떠올리게 하는 역사적인 대첩이 바로 북관대첩이라 할 수 있다.

일본 측 자료와 문헌에서 일본에서 전쟁의 신이라고 불리는 가토 기요마사와 싸워 연전연승한 장군의 전과가 사실로 밝혀지고 있다. 가토와 장군은 임진왜란 당시 비슷한 연배로 일본 무인과 조선 문인의 대결임과 동시에 장창과 단창, 조총과 농기구의 대결로 직업적인 칼잡이와 농민군의 전투였다는 점에서 더욱 의미가 있다고 평가된다.

장군이 이끌던 의병에 의해 함경도 일본군을 물리칠 당시 "쾌지나 칭칭나네"란 노래가 나왔다고 한다. 처음에는 가등청정 물러가니 기쁘다는 "쾌재라 청정 나가네"하고 춤을 추다가 세월이 흐르면서 노랫말이 "쾌지나 칭칭나네"로 변해 온 것으로 전해진다.[21] 장

---

20 KBS HD 역사스페셜 〈100년 만의 귀환 북관대첩비〉, 2005. 10. 21.

군의 혁혁한 의병 활동에 대해서 이순신·권율·김시민 장군 등과 같이 앞으로 많은 연구가 이루어지고 전공 사실이 밝혀져서 우리 국민으로부터 추앙을 받아야 마땅하다고 본다.

일본 측 자료에서 보이는 함경도 의병과 장군의 기록

『기요마사 고려진 비망록』·『기요마사 조선기』·『고려일기』·『세이쇼기』·『속찬세이쇼기』·『규슈기』『고려진일기』·『나베시마 나오시게 공보』·『가토가전』·『온고사기』 등 일본의 여러 주요한 문헌에 함경도 길주 전투에 대한 기록이 실려 있다.

『기요마사 고려진 비망록』에서는 길주 전투 전후를 서술하고 있는데 길주 전투가 제2군의 함경도 지배를 끝내게 한 계기가 되었을 뿐만 아니라 정문부의 의병군이 조선 관군의 전쟁 초기 모습과는 질적으로 다른 전투 즉 '오랑캐'적 전투를 전개함으로써 일본군에게 충격을 주었다고 기록하고 있다.

당시 일본 장수들은 각 대별로 자신의 전공을 기록하는 가신을 데리고 다녔다. 이들은 자신의 주군이 높은 벼슬과 많은 영지를 받을 수 있도록 그 공적을 과장 미화하고 때로는 사실을 조작 은폐하는 것이 보통이었다. 이러한 왜곡된 기억들을 모아서 1660년경에 시모가와 효타유가 만든 『기요마사 고려진 비망록』에서는 가토를 용맹과 지략, 의리, 부하 사랑을 고루 갖춘 임진왜란 최고의

---

21 마연옥, 「임란 함경도 의병장 정문부」, 『오늘의 한국』, 2015. 7.

영웅으로 만들었다. 이러한 『기요마사 고려진 비망록』에서도 함경
도 의병에 대한 영웅적인 기록을 남기고 있다.

1670년대 이후 『징비록』이 일본에 전해지고 특히 일제의 조선 강
점기에 일본 역사가들이 『조선왕조실록』 등의 사료들을 접하게 된
후로 일본 학자들도 일본 측 사료에 허위가 많고 조선의 사료가 진
실하다는 것을 알게 되었다.[22]

『나베시마 나오시게 공보』에서는 정문부 장군의 길주성 포위 상
황을 "조선, 한남인(漢南人) 병 수만 기에 포위되어 수십 일간 전투
했다"라고 묘사하고 있다. 이 한남인이 누구인가에 대해서는 여러
가지 설이 있지만 아마도 중국 본토에서 왔고 중국어도 할 줄 알지
만 중국인은 아니라는 정도의 의미를 가진 조선에 살던 여진족인
것으로 추정된다.[23]

우리 측 기록으로는 정문부 장군의 길주성 포위 공격 전투에서
파악되는 병력 규모는 약 3,000명으로 보고 있으나 일본 측 기록
에서는 수만 명으로 파악하고 있다. 그만큼 정문부 장군의 함경도
의병 군의 기세가 일본군에게는 강렬하게 각인된 결과가 아닐까
한다.

1593년 1월에는 가토 기요마사 자신이 병사를 이끌고 안변에서
나베시마 나오시게의 본영이 있는 함흥까지 출진하여 나베시마에

---

22   정태류, 「농포공과 북관대첩」, 『해주정씨대종친회』, 통권 44호, 2023.
23   정태섭, 「북관대첩 관련 사료의 재검토로 본 정문부 의병군의 인적 구성」, 『명청사연
     구』 27, 2007.

게 두 왕자를 맡기고 길주성을 구원하기 위해 진격하였다. 이때 『기요마사 고려진 비망록』에 따르면 이 진군 과정에서 "병사들은 흰 눈에 반사된 햇빛 때문에 손발에 화상을 입고 눈이 보이지 않게 되었다"고 한다. 일본군의 길주 진격이 얼마나 험난한 여정이었는지를 잘 보여주고 있다.[24]

가토 기요마사는 자신이 지배하는 함경도에서 반란이 일어나지 않는 것을 자랑하고 평양에서 더 이상 북진하지 못하는 고니시 유키나가 등의 다른 장군들을 비판해왔으나 길주 전투의 경과가 알려지면서 한양 주둔 일본군의 야유를 받고서 철군을 재촉받게 되었다.[25]

북관유적도첩

18세기 초반에 제작된 것으로 추측되는 〈북관유적도첩〉(고려대 소장)은 고려 예종부터 조선 선조까지 북관, 즉 함경도에서 용맹과 지략으로 무공을 세운 인물들의 행적 또는 일화를 모아 그림으로 그리고 그 내용을 글로 설명해놓은 역사 고사 화첩(歷史古事畵帖)이다.

탁경입비(윤관) · 야연사준(김종서) · 야전부시(신숙주) · 출기파적(어

---

24 김시덕, 『그들이 본 임진왜란』, 도서출판 학고재, 2012.
25 김시덕 「근세 일본 임진왜란 문헌군에 보이는 함경도 지역의 의병 활동에 대하여」, 『한일군사문화연구』 제12권, 2011.

작자 미상의 기록화 (출처: https://blog.naver.com/mis71/220940366436)

유소)·등림영회(남이)·일전해위(신립)·수책거적(이순신)·창의토왜(정
문부) 등 여덟 장면으로 되어 있고 그 마지막 부분에 정문부 장군
의 창의토왜(倡義討倭) 그림이 있다.

　작자 미상의 이 그림은 왜군이 함경도에 들어왔을 때 의병을 일
으켜 대항했던 북평사 정문부 장군의 활약상을 그린 기록화이다.
그림 윗부분은 장군이 두 왕자 임해군과 순화군을 왜적에게 넘기
고 벼슬을 했던 반역의 죄를 범한 국경인·국세필 등을 참수하는
장면이고 그림 아랫부분은 장군의 의병들이 왜적을 추격하여 격
퇴하는 장면이다.

성 누각 쪽에 앉아 있는 사람이 정문부 장군으로 추정된다. 그림에는 관이전(貫耳箭)이 보이는데 관이전은 전쟁터에서 군율을 어긴 군사를 처형할 때 쓰이던 화살 또는 그 형벌을 의미하기도 한다. 사형수의 두 귀를 꿰어 사람들에게 보이던 형벌이다. 모양은 영전(令箭-군령을 전하는 화살)보다 짧고 살촉이 뾰족하다. 정문부 의병은 국경인·국세필 등 배신자를 처벌할 때 관이전을 사용하였고 그들의 목을 베어 백성들에게 효수하였다고 한다.

4장

관북 평정 후 목민관으로 돌아가다

부사와 목사 시절

　장군은 전후 논공행상에는 참여하진 못했으나 선조 26년 1월에
는 통정대부[1]로 임명되었다. 장군은 번번이 중앙의 요직에 임명되
었지만 취임하지 않고 굳이 외직으로만 돌았다. 장군은 당쟁에 말
려들지 않게 중앙정계를 피해야만 했기 때문이다.

　1594년(선조 27년) 2월 4일 북병사를 임명하는데 선조가 "… 장재
를 가려 썼는데, 우리나라에서 가리지 못하니 이는 그만한 사람이
없어서인가 아니면 몰라서 그런 것이냐"고 묻자 류성룡이 말하길
"… 강찬(옛 단천군수) 같은 자는 … 왜적을 방어할 만한 능력이 있다
고 하나, 정문부 같은 자는 북도에 있을 때 일을 주관하는 능력이
있었다고 들었습니다. 그러나 신은 그들이 실제로 장수의 능력이
있는지 모르겠습니다"라고 애매하게 천거하자, 선조는 여기에 답
하지 않고, 북병사(종2품)는 누가 할 만하냐고 간접적으로 장군을

1　조선 시대 문신. 정3품 이상의 품계명. 정3품 이상을 당상관, 그 아래를 당하관이라
　고도 불렀다. 그리고 정3품 이상은 통정대부, 그 아래는 통훈대부라 불렀다.

반대했다. 결국 북병사에 임명되지 못하고 영흥부사(종3품)에 임명되었다.[2]

침략 왜군을 함경도에서 몰아낸 후 여러 고을의 수령을 역임하면서 애민의 목민관으로도 활약한 것은 전국 여러 곳에서 궐기했던 의병장들과는 다른 면모이다.

영흥(永興)부사(1594년 3월, 선조 27년)

함경도에서 일본군을 완전히 몰아낸 정문부 장군은 의병대장직을 물러나 청송(靑松)부사로 있던 아버지를 보러 갔다. 임진왜란 당시 '송(松)' 자가 들어간 지명에서는 왜병이 패한다는 소문이 있어 이곳은 전쟁의 피해를 입지 않았다. 정문부 장군의 할아버지인 정언각도 청송부사[3]로 있었는데 그때의 지명이 '송을곡'이었다.

함경도민들은 장군의 공적을 추앙하여 모두 장군이 병사(兵使)가 되기를 원했으나 윤탁연이 조정에 장군의 공을 반대로 고하는 바람에 크게 쓰이지 못하고 선조는 장군을 영흥부사(종3품)로만 임명하였다. 이때 장군의 나이는 29세였다.

2　『선조실록』 권48, 선조 27년 2월 4일.
3　조선왕조실록이나 기타 문집, 족보 등에서 정언각이 청송부사를 역임했다는 명확한 기록은 등장하지 않는다. 그러나 해당 지역의 문화재 소개 등에는 정언각이 청송부사를 역임했다고 설명하고 있다. 역사 사료와 지역 전승 사이에 차이가 있는 경우인데, 이 책에서는 정문부 장군의 일생을 통찰하고 있으므로 전승도 적극적으로 활용했다.

온성(穩城)부사(1595년 6월, 선조 28년)

장군의 나이 30세에 온성부사로 근무지를 옮겨 관북 여러 고을을 진무하였다. 이때 지은 시가 다음과 같다.

칼 짚고 만리장성에 올라서서
용 끓이고 봉 굽고 고래 회 쳐
저 푸른 바닷물을 술 한잔 삼아
장군의 가슴 속에 부어 볼까나[4]

장군은 드넓은 바다를 바라보며 한잔 술을 들이키겠다는 호탕한 표현으로 자신의 기개를 드러내었다. 여기에서 고래란 당시 임란을 일으켜 함경도 땅을 유린하였던 왜적을 가리키는 것으로 이러한 고래를 회 쳐 안주로 삼고 바다 자체를 한잔 술로 들이키겠다고 호언하는 것은 왜적의 소탕을 자신하는 장수로서의 담대한 기개와 포부를 담았다고 볼 수 있다.

성에 올라 눈앞에 펼쳐진 바다를 바라본 순간 분출된 격정적인 감정을 표현한 시이다. 언젠가 통일이 되거나 남북이 자유롭게 왕래할 수 있는 날이 오면 북쪽의 동해를 바라보면서 이때 느꼈던 장군의 소회를 느끼게 되기를 소망한다.

또한 경성 어랑리를 둘러보고 계사년 백탑교 전투에서 전사한 감찰 이붕수를 생각하며 슬퍼하는 시도 남겼다.

---

4 「국역 농포집」, 칠언절구 〈온성에 이르러⋯〉, p.71.

정문부 평전

감찰(監察)이 붕수를 애도하다

문에 들자 혼백이 눈에 선한데
늙은 형만 남겨둔 채 어머니도 저버렸네
천년을 통하여 오직 장순과 허원[5]인데
저승길 행여 함께 갈 수 있으려나[6]

길주(吉州)목사(1596년 3월, 선조 29년)

온성에서 1년 9개월 만에 길주목사를 제수받았다. 부임할 때
지천 황정욱이 작별 시를 써서 선정을 칭찬하였으며 장군은 한인
간 부부를 관사에 초대하여 지난날의 후의에 보답하였다. 길주목
사직은 종2품으로 함경도 방어사를 겸하는 요직이다. 장군의 공명
정대한 정사로 관리와 백성들이 모두 장군을 따랐다고 한다. 어사
유인길이 장군의 치적을 조정에 장계하여 임금이 옷감 한 벌을 하
사하여 포상하였고 장군이 떠나자 유애비를 세웠다고 한다. 목민
관으로 백성을 사랑한 마음이 다음과 같은 시에 남아 있다. 지루
한 장맛비를 보면서 읊은 시이기도 하다.

---

5   장순과 허원은 당 현종 때의 사람인데, 안녹산의 난 때 한 진영에 있으면서 원수의
    자리를 서로 양보한 막역한 사이였다고 알려진다.
6   「국역 농포집」, 칠언절구 〈감찰 이붕수를 애도하다〉, p.70.

지루한 장마 어느 때에 개이려나
밭이 변하여 바다가 되었는데도
이랑을 계산하여 세금을 거두네
녹을 받는 사람들은 괜찮겠지만
농부는 한 해를 넘기기 어렵게 됐네[7]

공주목사(1596년 11월, 선조 29년)

안변부사를 거쳐 11월에 공주목사로 임명되었다. 서애 류성룡이 장군의 통솔이 법도 있음을 들어 위에 아뢰어 군정을 정돈하게 하고 여러 고을로 하여금 본받게 하였다. 이때 장군을 공주목사로 임명한 것은 정유재란이 일어나 왜적이 쳐들어오는 것을 미리 막기 위하여 왜적을 격멸하는 데 뛰어난 전략을 고려하였기 때문이다. 장군은 선조 31년(1598년) 11월 목사를 그만두고 집으로 돌아온다. 이때 장군의 나이는 33세였다.

---

7 「국역 농포집」, 오언고시 〈지루한 장마비를 읊다〉, p.31.

이어진 벼슬길과 시묘살이

장예원 판결사·호조참의·용양위 부호군·가선대부

1599년 장예원 판결사(정3품)를 제수받고 호조참의(정3품)에 임명되었다. 이때 장군의 나이는 34세로 그해 둘째 아들 대륭이 태어났다. 11월에는 문과 중시에 장원으로 뽑혔다. 시험 제목은 '백수동야직(白首同夜直—백수로 밤 숙직을 같이한다)'로서 문단에서 많이 회자되는 것이었다.

1600년(선조 33년)에는 용양위 부호군[8]에 전직되었다. 이때부터 군직에 발령되거나 판결사가 되어도 출근하기를 좋아하지 않고 부모님을 봉양할 생각만 하였다고 한다. 1601년(선조 34년) 종2품 가선대부(嘉善大夫)[9]로 승진하였다.

북도 사람들이 상소하여 장군의 왜적 격파에 대한 공을 칭송하

---

8 조선 초·중기 군사조직의 근간을 이루었던 오위(五衛)에 둔 종4품 서반 무관직.
9 조선 시대 종2품의 문관과 무관에게 주던 품계. 종2품의 하계로서 가정대부·가의대부보다 아랫자리.

였기 때문에 특명으로 예조참판에 제수되었다. 약봉 서성이 장군에 대한 교서를 지어 올렸다. 장군은 일찍이 세류에 따르지 않고 아부하지 아니하여 크게 영진(榮進)되지 못하였다. 함경도에서의 임란 전공도 자랑하지 아니하고 남에게 말하지 않아 아는 사람은 공의 인격을 탄복하였다. 1602년(선조 35년)에는 명나라 사신 주지번(朱之蕃)과 같이 한강에서 배를 타고 고기잡이하는 것을 보고 같이 시를 짓기도 하였다.[10] 1603년(선조 36년) 장군의 나이 38세에 중추부동지(中樞府同知)[11]에 임명되었다.

오산 차천로(車天輅)가 방문하여 말하기를 "풍무일족행천리(風無一足行千理-바람은 발이 하나도 없는데 천 리를 간다)라는 글귀를 얻긴 했는데 안타깝게도 그다음 문장을 얻지 못했다"고 하니 장군은 즉석에서 "월유고륜전구천(月有孤輪轉九天-달은 외바퀴지만 구천을 돈다)"라고 응했다.[12] 장군이 시심(詩心)과 기재(機才)를 모두 가지고 있음을 짐작할 수 있다.

송산(松山-의정부 용현동)에서의 시묘살이.

1604년(선조 37년) 8월에 부친상을 당하여 10월에 송산 선영에 모시고 무덤 곁에서 시묘살이를 하였다. 이때 자제들에게 말하기

---

10 「국역 농포집」, 연보, p.382.
11 조선 시대 중추부에 두었던 종2품 관직인 동지사(同知事)로 정원은 8명. 중추부는 조선 시대 일정한 직무가 없는 당상관들을 대우하기 위해 설치된 관청.
12 「국역 농포집」, 연보, p.382.

를 "내가 다시 종아리를 맞고자 하나 때릴 아버님이 안 계시는구나" 하고 슬퍼하셨다.

장군은 할아버지가 일찍 돌아가셔서 아버지 판서공 밑에서 엄격하게 교육받았기 때문에 아버지를 그리워하는 마음이 한층 더했던 듯 보인다. 이와 같이 아버님을 그리워하는 효심이 지극해서인지 삼형제가 있었지만 유독 효심이 강한 둘째 아들인 장군이 1606년(선조 39년) 11월 4일까지 2년여 동안 시묘살이를 극진히 하였다. 이 선영이 있는 곳을 후에 사람들이 효자봉이라 불렀고 오늘날까지 그 이름으로 전해지고 있다.

장군이 사은부사로 북경에 가 있을 때 어머니를 그리워하면서 남긴 시가 있다.

답장을 쓰려니 어머님의 말씀 생각난다
나랏일이 끝나야 우리 아이 돌아온다고
한 해가 저물어도 돌아올 것을 두려워 말라며
밀봉한 옷도 행장 안에 넣어 주셨네

해 긴 오월에 집을 떠나온 나그네
달 밝은 팔월에도 돌아가지 못하네
가을바람 다그쳐 불어오지 마소
추위에 입을 옷 다시 보내시지 않게[13]

---

13 『국역 농포집』, 칠언절구 〈어머니를 생각하다〉, p.82.

장단부사

　　장군의 나이 41세 때인 1606년(선조 39년) 11월에 장단부사가 되었으며 1608년(선조 41년) 장군의 나이 43세 때 선조가 세상을 떠난다. 이때 선조 임금의 만장(輓章)[14]에 들어갈 글을 지어 올린다. 장군의 나이 33세에 임진왜란이 끝나고 그로부터 11년이 지나 광해군이 임금이 되었을 때는 장군의 나이 44세였다. 광해군 집권 초기에 장군은 사은부사(謝恩副使)로 북경도 다녀오고 남원부사 등을 거쳤으나 48세 때 모든 관직을 버리고 이후부터는 10여 년간 당쟁을 피해 술이나 마시는 사람처럼 가장하여 숨어 사는 삶을 살았다.

14　죽은 사람을 애도하며 지은 글을 천이나 종이에 적어 깃발처럼 만든 것. 장사를 지낼 때 상여 뒤에 들고 간다.

광해군 시대의 장군

광해군 원년~2년(44~45세)

월사 이정구가 말하기를 "정자허(정문부 장군)는 인격과 재주는 참으로 쉽게 얻지 못할 것이나 다만 그의 강직함이 너무 지나친 것이 한이다"라고 할 정도로 강직하고 누구에게 아첨할 줄을 몰랐다.

1610년(광해군 2년) 장군의 나이 45세 때 사은부사로서 명나라 북경을 다녀오면서 보고 느낀 것을 박지원이 『열하일기』를 쓰듯이 여러 편의 시로 남겼다. 그중 한 편을 소개하고자 한다.

한가위 날에 선영을 그리며

한가위 날 보름달은 한식과 같아
나라 풍속 집집이 성묘를 하네
해마다 송산 선영에서 흘리던 눈물
올해는 연경 길손 옷깃 더 적시네[1]

이 시는 연경(북경)에서 한가위 추석을 맞이하며 이곳 사람들이 집집이 성묘하는 모습을 보고 송산에 있는 선영에 성묘하지 못하는 장군의 현실을 탄식하면서 지은 시이다.[15]

남원부사·길주목사

장군이 46세이던 1611년(광해군 3년) 8월 남원부사에 임명되었다. 부임 즉시 고을의 어진 선비들을 방문하여 예로서 대접하고 유학을 일으키는 데 힘썼다. 매와 정동설·송계 장세경 등과 학문 교류를 하였는데 송계 장세경의 문집 서문에 "장세경 공과 서로 교류한 이가 모두 일대의 위인들인데 정농포(정문부 장군) 같은 인물들이다"라고 기록되어 있다.

47세 때인 1612년(광해군 4년) 길주목사로 부임했다. 형조참판에 임명되었으나 어머님을 봉양한다고 하여 외직을 청하여 취임하지 아니하였다. 당시 광해군 즉위 이후 이이첨·이경전 등의 북인(北人)이 권력을 장악하여 조정의 모든 일을 다루고 있었는데, 조카 정조(鄭造)가 북인들과 가까이하는 것을 보고 장군은 "무릇 사대부로서 처세와 몸가짐이 깊은 못에 임하는 것과 엷은 얼음을 밟는 것처럼 해야 하거늘 이제 네가 당인과 결탁하여 조정의 의논을 좌우하니 선조를 욕되게 하고 집안을 망친다는 것이 너를 두고 이름

---

15 「국역 농포집」, 칠언절구, pp.82-83.

이로다"라고 말하며 조카 정조와 결연하였다.[16]

후에 광해군은 장군이 일찍이 임진 연간에 북도의 수령이 되어 이룬 공이 무장보다 뛰어나고 인심을 얻었으므로 길주목사로 보내는 것이 좋겠다고 생각하여 길주목사로 임명하였다. 장군은 1612년(광해군 4년) 3월에 다시 길주목사가 되었고 4월에는 북도 감시관이 되었다. 부령과 명천의 시소(試所)[17]를 다녀온다. 석담 이윤우가 장군에게 시 한 수를 지어 주는데 다음과 같다.

문무를 겸전한 장상(將相)의 바탕
20년을 변방에서 헛보냈구려
이제는 어진 이를 갈망하거니
그 응당 대궐로 올라가리라[18]

이 시는 임진왜란 당시 의병대장으로 장군을 추대하고 목숨을 걸고 왜적과 싸운 옛 부하·전우들을 만나 밤새워가며 옛 전쟁담을 나누며 읊은 것으로 보인다.

---

16 「국역 농포집」, 연보, p.384.
17 과거시험을 치르던 곳을 이르던 말.
18 「국역농포집」, 연보, p.385.

관직을 버리고 귀향

　장군은 48세 때인 1613년(광해군 5년) 관직을 버리고 집으로 돌아왔다. 장군은 당시의 권세가 이이첨(李爾瞻)과 한마을에 살았으나 불의와 타협하지 않고 권문에 접근하지도 않았다. 이이첨의 유혹에도 넘어가지 않고 근 10년 동안 만나지도 않았으며 심지어 당시의 세력가인 정인홍의 청을 들어주지 않고 장대를 휘둘러 내쫓을 정도로 강직하였다. 조카인 정조 등이 찾아와도 졸음을 핑계로 말하지 않았으며 조정에서 청이 있어도 참여하지 않았다. 결국에는 이들의 미움을 사게 되었다.

　1613년(광해군 5년)에서 1617년(광해군 7년) 6월까지 송산과 서울집을 오가며 상촌 신흠과 함께 풍계동에서 즐기고 오봉 이호민과 같이 사한정(四寒亭)[19]에서 시를 읊었다. 절개를 지키고 살자는 굳은 의지와 모든 시름을 잊고 유유자적 대자연과 같이 생활하는 모습을 담은 시들을 남겼다. 이때 시국이 매우 급변하여 장군은 벼슬에 뜻이 없고 명사들과 함께 세월을 멀리하고 사람들을 만나지 않기 위해 서울집보다 송산에서 많은 시간을 보냈다. 그 심정을 담아 〈급류용퇴부(急流勇退賦)〉란 시를 남겼다.

　급류에서 용감하게 물러나는 것을 읊다

　넓고 큰 육지와 바다처럼 끝없는 벼슬

———
19　네 명의 가난한 선비가 모인 정자라는 뜻.

정문부 평전

거기에 휩쓸린 자는 물에 빠진 것 같네

저 사람은 어떤 사람이길래

용감히 물러났구나

그 뜻은 벌써 동태를 보고 떠나기로 한 것이니

내 어찌 임금의 은총을 탐하겠는가?

신선은 이 세상을 초탈하였나니

화산의 그 사람을 그리워한다

날짜는 하루하루 자꾸만 가는데

어이하여 신선의 비결을 아끼겠는가

세속의 인연이 남아 있음을 슬퍼하면서

공연히 무릉도원에서 도낏자루만 썩혔네…[20]

광해군은 송산 등지에서 산림을 벗 삼아 술과 시로서 세월을 보내고 있는 장군을 부총관으로 삼고 이어 병조참판에 임명하였으나 장군은 취임하지 아니하였다. 1616년(광해군 8년) 이때 나이는 51세였다.

권신들이 장군을 자기편으로 만들기 위해 장군을 보고 풍자해 말하되 "그대의 가난과 고생은 보는 사람으로 하여금 상심케 하거늘 어찌 스스로 그것을 견디는고?" 하자 장군은 "나는 장차 활과 화살을 가지고 깊은 산으로 들어가서 범 사냥하며 살아갈지언정

---

20 『국역 농포집』, 부(賦), p.186.

분수 아닌 부귀는 내가 원하는 바가 아니다"[21]라고 답했다. 이 해에 택당 이식이 북평사가 되어 정문부 장군의 함경도에서의 의병 활동 전말을 기록한 『북관지(北關誌)』[22]를 남겼다.

장군은 둘째 아들 대륭을 부장 오정방의 여식에게 장가들게 하였다. 오정방이 장군과 벼슬이나 지위에서 차이가 컸음에도 사돈을 맺은 것은 그의 밝고 바른 마음만 보았기 때문이다. 장군이 그를 칭찬하고 사돈까지 맺으니 그때도 세상 사람들이 모두 훌륭히 여겼다고 한다.

창원부사

53세이던 1618년(광해군 10년) 장군은 집권층의 강요에 못 이겨 송산에 있은 지 2년여 만에 할 수 없이 창원부사에 취임하였다. 장군은 창원부사로 재임하면서 영남 문인들과 많은 교류를 하였고 사미정(四美亭)을 창건하고 고운 최치원(崔致遠) 선생이 시를 읊고 강학하던 월영대(月影臺)[23]를 보수·수리하였다.

장군도 여가에 읊은 시 10여 수를 남겼는데 그중 창원을 노래

---

21 『국역 농포집』, 연보, p.386.

22 이 책은 원래 광해군 때 함경도 평사로 있던 이식(李植)이 북로의 사실들을 모아 '북관지'라 이름하여 기술하였으나 완성하지 못하였다. 이것을 그의 아들 이단하(李端夏)가 평사로 가 있으면서 완성하였지만 간행하지 못하다가 30년이 지난 뒤 신여철이 바뀐 연혁을 중수하여 간행한 것이다.

23 신라 말 최치원 선생이 해인사로 들어가기 전 말년을 보내면서 제자들을 가르치던 장소. 선생이 돌아가신 뒤 이곳은 선비들의 순례지가 되어 많은 사람이 찾아와 선생의 학문을 흠모하였다고 전해진다.

월영대

이황 · 서거정 등 월영대를 노래한 13인의 시비 중 오른쪽 첫 번째가 정문부 장군의 시비다.

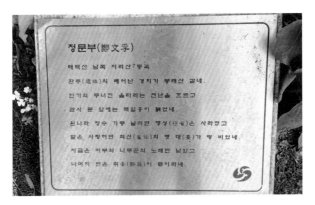

창원마산시립박물관 뜰에 있는 정문부 장군의 시비(환주는 마산의 옛 지명)

한 시 한 수가 창원시립마산박물관 뜰에 시비로 남아 있다.

이듬해 진주를 방문하여 촉석루(矗石樓)에 올라 임진왜란 당시 진주가 참혹한 피해를 입은 것을 생각하고 비감 어린 심정으로 시를 남겼다. 이 시는 촉석루 안에 현판으로 걸려 있다.

맏아들 집의공 정대영이 남쪽으로 내려와 장군을 뵙고 귀향할 때 장군은 관용 말을 못 타게 하여 집의공은 눈과 얼음 천 리 길을 걸어서 갔다고 한다. 장군의 공사 구분 정신과 가법의 맑고 엄격함을 보여준 사례이다.

인조반정이 일어나기 5년 전에 심심파적으로 초회왕에 대한 영사시(詠史詩)[24]를 지었는데 나중에 이것이 장군을 죽음에 이르게 하는 계기가 된다.

---

24 역사상의 사실을 객관적으로 서술하거나 주관적인 회고로 읊은 시.

인조(仁祖) 시대의 정문부 장군

인조반정과 이괄의 난

1623년 인조반정으로 인조가 즉위하면서 임진왜란 당시 장군의 공을 인정하고 광해군 때 배척받은 사람이라고 하여 조정에서 중용하려 했다. 그러나 장군은 외직으로 나가 노모를 모시겠다고 청하고 이를 사양하였다.

현종 7년 5월 23일 장군을 우찬성에 추증하는 기록을 보면 "반정 후 원수에 천거되어 조정에 쓰려고 할 때 박홍구의 옥사에 무고되었다"[1]고 쓰여 있다.

1623년(인조 1년) 4월에 전주부윤(全州府尹)[2]으로 임명된다. 이때 전주에서는 권세 있는 집과 교제하면서 관가의 재물을 많이 빌려 쓰고 오래도록 변상하지 아니하는 간사한 거간꾼이 있었다. 장군

---

1 『현종개수실록』 권15, 현종 7년(1666년) 5월 23일.
2 종2품 문관의 외관직으로 관찰사와 동격. 전라도 전주부, 함경도 영흥부, 평안도 평양부, 의주부 등. 현재 시장의 직책.

정문부 평전

教旨
嘉善大夫全州府尹全州鎮
兵馬節制使鄭文孚贈崇政

教旨
貞夫人申氏

가선대부 전주부윤 교지
(출처: 독립기념관 제공)

은 이 사람을 구금하고 엄히 다루어 공금을 징수하였다. 이때 권
신(반정 3등 공신) 박정(朴炡)이 열흘 동안 세 번이나 편지를 보내 그
거간꾼을 석방해 달라고 요청했으나 장군은 끝내 듣지 아니하고
전액을 회수했다. 박정은 여기에 앙심을 품게 된다.

　7월에 장군의 어머님이 돌아가시자 장군은 서울로 돌아와 송산
의 선영에 부친과 합장하여 모셨다. 장군이 시묘살이를 하면서 건
강이 상했고 아랫도리에 큰 종기까지 나서 완치가 되지 않았다.

　1624년(인조 2년) 정월에 이괄(李适)의 난이 일어났다. 인조는 공
주로 피신했고 장군에게 상중이지만 벼슬길에 나오기를 명했다.
부총관으로 삼아 난을 평정코자 한 것이다. 그러나 장군은 종기가
심하여 운신조차 어려운 상황이었다. 할 수 없이 가마를 타고 용

인까지 나아가 인조를 뵙고 적의 정세가 오래지 않아 평정될 것이라 아뢰고 병으로 역적 토벌에 참전할 수 없음을 알리어 겨우 인조의 허락을 받았다.

박내장(朴來章)의 옥사(獄事)에 연루되다 – 통곡의 해

박내장 등이 광해군을 다시 옹립하려는 역모를 논의하면서 "정모(鄭某-정문부 장군을 지칭)는 문무를 겸비한 인재이므로 대장으로 적당한데 의원 이대검(李大儉)이 종기 치료차 그 집에 왕래한다 하니 그를 시켜 거사를 말하게 하자"[3]고 자기들끼리 논의하였다. 후에 이 모의가 발각되어 이러한 말이 역적들의 입에서 나왔고 장군은 체포되어 이대검과 대질케 되었다. 이대검이 말하기를 "이 말을 박내장으로부터 들었으나 한낱 종기나 고치고 침이나 놓는 의원이 어찌 친분도 없는 대관에게 그런 말을 할 수 있겠소"[4]라고 하였다.

이로써 장군의 억울함이 판명되어 석방을 논의하고 있을 때 대간(臺諫)들이 장군의 영사시(詠史詩)한 구절을 문제 삼아 국문을 다시 열었다. 이때 장군은 혹독한 고문을 받고 결국에는 억울한 죽음을 맞이하게 된다. 임진왜란 당시 나라를 구한 영웅이자 충신이

---

3 「국역 농포집」, 연보. p.390.
4 「국역 농포집」, 연보. p.390.

정문부 평전

고문사를 당한 것이다. 장군을 죽음에 이르게 한 대간(臺諫)[5]들은 박정·최내길(崔來吉) 등이다.

장군이 창원부사로 있을 당시 영사시 십 절을 지었는데 그중에 초회왕(楚懷王)에 대한 시 한 구가 문제되었다.

삼호(三戶)만 남은 초나라가 진나라를 없앴거니
남공(南公)의 말이 꼭 옳은 것 아니로다
무관(武關)으로 들어가 백성들 보람 끊겼으니
잔약한 후손이 회왕(懷王)을 일러 무엇하리[6]

초(楚)나라가 비록 진(晉)나라에 멸망 당하여 세 가구만 남았다 할지라도 진나라 또한 망하고 말았다. 당시 진나라의 설객 장의(張儀)는 남쪽으로 초에 와서 거짓으로 설득하여 600리 땅을 주어 제나라와 절교시켰고 초왕은 재위 30년 만에 죽고 말았다. 그런데 이런 일이 없다 하여도 진은 시황제 통일 이후 18년 만에 무관에서 패하였다. 이미 민심을 잃은 상황에서 못난 손자를 세워서 그를 초회왕의 의제라 하고 받들어 섬기는 것이 어리석은 상황이라는 내용이다. 초회왕은 중국 초나라 항우가 추대한 왕이었는데 나중에 항우에 의해 살해되었다.

---

5 고려·조선 시대 감찰업무를 맡는 대관과 국왕에 대한 간쟁업무를 맡는 간관의 합칭.
6 『국역 농포집』, 연보, p.390.

그런데 이 시가 광해군을 폐위시키고 왕위에 오른 인조의 정통성을 부정하였다는 것이다. 이 시는 여러 가지 원고 속에 끼어 있었다가 상중에 휴지들과 섞여 벽에 발려져 있던 것을 공신 최내길이 집에 찾아와 보고 가서 친구들에게 전파하였다. 그런데 이 시는 인조반정 5년 전인 1618년(광해군 10년)에 지었으므로 인조반정과는 아무 관계가 없다. 즉위하기 5년 전이니 인조를 비방할 수가 없다. 5년 후에 일어날 인조반정을 미리 알고 비방 시를 지었다는 것은 말이 안 되는 이야기이다. 또한 그 내용도 인조에 딱 들어맞지도 않는다.

하지만 그 당시 집권층은 장군이 광해군 시절 북인인 내암 정인홍과 관련되었다고 보았기 때문에 이 시를 문제 삼았다. 중국 전국 시대의 덧없는 역사를 읊은 영사시 마지막 부분에 나오는 '잔약한 후손'이 인조를 빗댄 비방이라고 몰아붙여서 장군에게 억지로 죄를 뒤집어씌우고자 문초관들이 견강부회했다.

대관 박정(朴炡)과 윤훤(尹暄)이 이 시에 무슨 목적이 있다고 하여 문초했다. 택당(澤堂) 이식(李植)과 포저(浦渚) 조익(趙翼) 등은 "이것은 시인이 역사를 읊은 작품으로 무슨 뜻이 내포된 것도 아닌데 어찌 이 시로서 장군에게 죄를 물을 수 있겠느냐"고 나무랐지만 문초관들은 듣지 않았다. 결국 장군은 문초를 받다가 죽음에 이르게 되었다.

최내길은 장군의 장남 집의공(執義公) 정대영과 함께 익성군(益城君) 이형령의 사위였으나 익성군으로부터 집의공보다 바둑 실력도 뒤지고 성격 자체가 경박하다 하여 소원시 당해온 일로 장군

부자를 원망해왔었다고
한다. 박정은 장군이 전
주부윤으로 재직 시 수
감 중인 공금횡령 죄인
을 풀어주라는 여러 번
의 청탁을 들어주지 않
는다 하여 장군을 원망
하던 마음이 있었다. 두
사람의 이러한 복수심은

압슬형 받는 죄인의 모습

심한 종기를 앓고 있던 환자인 장군을 혹형으로 고문하여 죽음에
이르게 했다. 이 처사는 우리 역사 속에서 두고두고 비판의 대상
이자 부끄러운 일이 아닐 수 없다.

장군은 끝까지 억울함을 호소하였으나 문초관들은 이 시를 대
신들이 이미 보았으니 용서할 수 없다고 주장했다. 그리고 자신들
의 책임을 모면하고자 가장 잔인한 형벌인 압슬(壓膝)[7]을 가하여
죽음에 이르게 하였다. 때는 1624년(인조 2년) 11월 19일 장군의 나
이 59세였다. 이후 1625년(인조 3년) 2월에 양주 송산 아버지 판서공
의 무덤 밑에 영면하시게 된다.

장군은 모진 고문으로 육체적 극한상황에 내몰리면서도 끝까

---

7   조선 시대에 죄인을 자백시키기 위해 행하던 고문 방식. 죄인을 기둥에 묶어 사금파
     리를 깔아 놓은 자리에 무릎을 꿇게 하고 그 위에 압슬기나 무거운 돌을 얹어서 자백
     을 강요하였다고 한다.

지 무죄 사실을 굽히지 않으며 버텼다. 불의에 굴하지 않는 장군의 꿋꿋한 성품이 작용했겠지만, 죄를 인정할 경우 자손과 일족이 당할 위해를 염려하여 고뇌에 찬 항거를 한 것이다. 이에 대해 장군의 후손들은 지금도 안타까움과 감사한 마음을 가지고 있다.[8]

장군이 죽음에 임하여 자손에게 남긴 "진주로 내려가서 벼슬하지 않고 묻혀 살아라"는 유언은 나라를 위해 충성하고 목숨 바친 선비와 장수의 유언이 아니다. 토사구팽당해서 죽음을 앞둔 이의 원한과 원망이 느껴진다.

흔히 역사는 기억의 학문이라고 한다. 꺼내고 되살려서 교훈을 삼기 때문이다. 장군의 구국 영웅담과 비참한 죽음이 오래 기억되도록 하여 이를 많은 사람이 배우고 통감할 수 있길 바란다.

정문부 장군 묘소(충덕사)

충덕사는 경기도 기념물 제37호로 지정된 충의공 정문부 장군의 묘역이다. 2002년도에 정태수 총장이 경기도와 의정부시 예산을 받아 충덕사와 내삼문을 짓고 2003년에 담장과 홍살문이 세워졌다. 이후 2021년에 현 대종친회 회장인 정기승 회장이 송산 종중회장인 시절에 의정부 예산을 받아 외삼문을 추가 신축하여 문화재로서의 성역화를 진행시키고 또한 문화재로서의 보존가치와 격을 갖추게 되었다.

---

8   최영희, 「정문부묘역 활성화를 위한 연구」, 의정부문화원, 2014.

충덕사 (출처: 방방곡곡)

　의정부 용현산업단지에 둘러싸인 장군의 묘역은 고즈넉한 유적의 모습이 아니라 산업단지 한가운데, 효자봉 끝자락에 동그마니 떠 있는 듯하다. 사당 안에는 장군의 초상화와 위패가 나란히 놓여 있으며 벽면에는 〈창의토왜도〉가 걸려 있다.

　사당을 나와 돌아서 언덕으로 올라가면 장군의 묘소가 나온다. 장군의 봉분은 부인인 고령 신씨(高靈申氏)와의 합장묘로 높이 1.3미터 둘레 16미터이다. 봉분 앞에 묘비와 상석, 향로석이 있고 장군은 문신으로 급제하였기 때문에 좌우로 1쌍의 문인석이 배치되어 있다.

　묘비석에 "행아경 증이상 시추의공 정문부지묘 정경부인 고령

정문부 장군 묘소로 올라가는 길

장군의 묘소

정문부 평전

신도비

신씨 부우(行亞卿 贈貳相 諡忠毅公 鄭文孚之墓 貞敬夫人 高靈申氏 祔右)"
라고 기록되어 있다. '아경(亞卿)'이란 공경 다음가는 벼슬로 육조
의 참판, 의정부의 삼정승 등에 상대하여 이르는 말이다. '이상(貳
相)'은 좌찬성·우찬성을 뜻하는 말로 삼정승 다음가는 정승이라는
뜻이다.

이 묘역 뒤로는 송산 종중 정문부 장군의 부모이신 판서공 정신
의 묘와 5대조인 침의공 정침의 묘가 함께 자리하고 있다. 묘비의
동남쪽 아래에 신도비(神道碑)[9]가 있는데 1665년(현종 6년)에 세웠던

---

9   조선 시대 관직으로 정2품 이상의 뚜렷한 공적과 학문이 뛰어나 후세의 사표가 되는
    관리들에게 그 업적을 기록하여 세운 비석.

의정부 묘역 안에 있는 복제비

것을 1861년(철종 12년) 9대손 정인원이 추가로 기록하여 다시 세웠다. 신도비에는 임진왜란 때 장군이 의병을 이끌고 왜적을 무찌른 이야기가 자세히 기록되어 있다.

또한, 경내에는 북관대첩비 복제비가 세워져 있다. 북관대첩비 원본은 개성을 경유하여 함경도 임명에 원래 비석이 있던 자리로 돌아갔다. 이 복제비는 경복궁과 독립기념관에 이어 세 번째로 세워졌다.

의정부시 용현동 묘역은 11대손 정태진의 노력으로 경기도 지방문화재 37호로 지정되고 문화재 지정비를 묘역 입구에 세웠다. 또 후손 정태수가 송산 종중 소임을 맡아 장군의 위패와 영정을 모신 사당 충덕사(忠德祠)를 짓고 복지문(復地門)을 열고 홍살문을 세웠다. 장군의 후손인 충의공파 송산 종중과 전국 유림들은 매년 음력 9월 16일 이곳에서 추향제를 지내고 있다.

사당 좌측에는 문중에서 후손으로 하여금 현지에 거주하면서 묘역 관리하는 사택 송산재(松山齋)가 있다. 묘역에 사당이 들어선 후 장군의 시호를 따서 '충의로'와 '충의중학교'가 명명되고 장군의 시묘살이가 이 지역의 전설이 되어 그 산을 '효자봉'이라 불러왔다.

의정부 용현초등학교

그리하여 인근에 새로 건립되는 학교에 효자초등학교·효자중학교·충의중학교·효자고등학교가 명명되었다.

　그리고 이곳 용현초등학교 교가 속에서도 장군의 애국정신이 이어져 내려오고 있다.

　　정 장군(=정문부 장군) 애국정신 가득한 이곳
　　이 나라 꿈나무들 큰 뜻을 품고
　　우리는 내일의 주인이 되어 주인이 되어
　　온 세상 이끌어 갈 용현 어린이
　　(용현초등학교 교가 2절)[10]

10　의정부 용현초등학교 홈페이지

효자봉 아래 무자봉(無慈峰)이 있는데 장군이 이괄의 난에 연루되었다는 무고로 인해 옥사하자 이 고장 사람들이 애처로운 마음을 담아 왕이 자비심이 없다고 하여 무자봉이라 불렀다고 한다. 효자봉과 무자봉에서 장군의 지극한 효와 억울한 죽음을 되새겨 보길 기대한다.

이리하여 지금은 가 볼 수 없는 북한 땅 함경도 여러 곳에 산재해 있는 장군의 의병 활동 전적지와 남한 땅 장군의 묘소가 있는 의정부, 장군의 후손들이 살고 있는 경남 진주 등 장군의 발자취는 한반도 전체를 아우르고 있다.

후대에 이르러 장군의 원통함과
억울함을 풀다

삼란평정의 공적이 알려지다

장군이 운명하기 8년 전에 북평사로 부임한 이식이 사적 조사를 통해서 장군과 함경도민들의 의거 기록을 정리해 『북관지』를 작성하여 남겼다. 그리고 장군이 옥고를 겪을 때 문사랑(問事郎)[11]이라는 직책에 있으면서 조익(趙翼)과 함께 장군의 시는 죄가 되지 않는다고 변호하였다. 이식은 『선조수정실록』을 편수할 때 장군의 공훈을 자세히 기록하여 정사에 남겼다.

또 이식의 아들 이단하가 1664년 현종 5년에 북평사로 부임하면서 순찰사 민정중(閔鼎重)에게 장군의 사당 건립을 제안하면서 "여기 윤관의 유묘(遺廟)가 있는데 김종서·정문부의 공이 윤 공보다 못하지 않다고 여깁니다. 대개 국가에서 잃은 토지를 수복함에 있어서 세 사람이 균등합니다"[12]라고 하여, 경성 어랑리에 창렬사를

---

11 죄인을 심문할 때 필기·낭독 등을 하는 임시직.
12 『국역 농포집』, 부록, p.238.

세우게 된다. 이단하가 서울로 돌아와 장군의 억울한 누명을 신원하여 포상할 것을 조익의 아들 조복양(趙復陽)과 함께 상소하고 영의정 정태화(鄭太和)가 주청하여, 1665년(현종 6년) 장군의 사후 41년 만에 신원됨과 동시에 '숭정대부 의정부 좌찬성 겸 의금부사 지경연 춘추관 성균관사 홍문관 대제학 오위 도총부 도총관'에 증직되었다 문무관직을 모두 포함하는 관직을 추증받은 것이다. 이와 동시에 회령에 현충사, 부령에 숭렬사를 세웠다. 이식·이단하, 조익·조복양 부자가 대를 이어가며 장군의 공을 복권하는 데 크게 힘썼다.

이식의 아들 이단하(李端夏)에 의해 완성된 『북관지』에서 함경도에서의 삼란평정(三亂平定)의 공적이 문서로도 세상에 알려지기 시작했다. 삼란평정이란 세 가지 난리를 다스렸다는 뜻으로 삼란이란 첫째는 가토 기요마사의 2만여 왜병이 관북까지 쳐들어온 왜란, 둘째는 국세필·국경인·정말수 등 여러 곳에서 일어난 부역반란(附逆反亂), 셋째는 이러한 틈을 타서 북쪽 오랑캐가 국경을 침범하여 양민을 납치하고 재물을 약탈한 오랑캐란을 말한다. 당시 관군과 치안과 민심이 무너진 함경도는 이러한 안팎의 삼란(三亂)을 오직 의병이 도맡아 상대할 수밖에 없는 특이한 상황이었다. 왜군만 상대하면 되었던 다른 지방 의병과는 다른 장군의 특이한 공적이라고 말할 수 있다.

임진창의행

1638년(인조 16년), 장군 사후 14년이 되어 길주목사 최유해(崔

정문부 평전

有海)가 상소하여 의병장 자손들을 뽑아 쓸 것을 청하고 〈임진창의
행〉을 지었다.

   ··· 쓰러지는 기둥 한 손으로 떠받치며

   또 한 주먹 불끈 쥐어 군사 모으네

   의리 잡고 맺은 혈의 맹세

   그 충성 해와 달처럼 빛나네

   위대할사 정 장군 문무가 뛰어나

   불타는 충성 골수에 사무쳤네···**13**

창렬(彰烈)사로 사액(賜額)

   1664년(현종 5년) 9월 이단하가 북평사가 되어 감사 민정중의
협조로 어랑리에 사당을 세워 후에 창렬(彰烈)사로 사액(賜額)**14**되
었다. 정문부 장군과 함께 이붕수·최배천·지달원·강문우 네 분도
함께 모셨다. 그리고 이 사당을 관리하고 제사 지낼 때면 제관들
이 머물 숙소로도 사용할 수 있게 별도로 촉룡(燭龍)이라는 서당
을 세웠다. 후일에 이곳을 묘사한 글이 전한다.

   경성부에서 남으로 100리 바깥에 어란리가 있는데, 어랑리라고도

---

13 『국역 농포집』, 부록, p.350.

14 임금이 사당·서원 등에 이름을 지어서 그것을 새긴 액자를 내리는 일을 이르는 말.

한다. 이곳에 팔경대(八景臺)가 있고 그 대에서 남으로 10리 지점에 무계호(武溪湖)가 있으니 바로 임진왜란 때 의사 이붕수가 정평사 문부를 맞아 의병을 일으킨 곳이다.

현종 을사년에 함경북도 병마평사 이단하의 발의로 무계호위에 사우를 세워 정공을 향사하는 동시에 동맹인 이붕수 등을 배향하고 그 옆에 촉룡서당을 지워 유생들의 글 읽는 장소로 만들었다.

사우는 서평 봉우리 밑 언덕에 있는데, 바로 맞은편에 한 줄기의 자그마한 산이 마치 갓 솟은 달덩이처럼 반쯤이 호수에 잠겼고 산마루에는 초목이 울창하며 사방으로 깎아지른 주위의 산은 마치 수병풍을 두른 듯하다. 그 속은 원형의 호수를 이루어 넓이가 9리쯤 된다.

물 위에 뜬 연잎과 마름은 씻은 듯이 푸르고 온화하며 청려하여 표현하기 어려울 정도이다. 북도의 산천들이 대개가 험준하고 웅장하여 확 트인 곳이 흔하여도 산이 감고 물이 돌아 이곳처럼 그윽하게 꾸며진 곳은 흔치 않다. 이는 아마 하늘이 정공의 충절을 드러내기 위해 특별히 한 갈피를 이 땅에 설치하고 영혼을 안치시킨 것처럼 보인다.[15]

이곳의 풍광이 어떨지 머릿속으로만 상상해볼 수밖에 없다. 창렬사나 촉룡서당은 지금도 잘 보존되어 있을까? 안타까운 마음을

---

15 https://atime4me123 tistory.com 『약천집』 제28권, 북관십경도기 창렬사. 2023. 3. 18.

정문부 평전

금할 수 없다. 선인들이 읊은 시 한 수로 가서 보고 싶은 마음을
달래본다.

창렬사

슬프다! 임진년
이 땅에 소년도 많았지
그 누가 먼저 외쳐
장사마다 앞다투게 하였던가?
의열은 관산에 떨치고
풍성은 역사에 전하였네
사우 앞 무계호
바다처럼 끝이 없네[16]

공식 신원

1665년(현종 6년) 장군 사후 41년 장군의 억울한 죄명이 공식
적으로 신원(伸冤)[17]되었다. 이는 영의정 정태화(鄭太和)가 현종에게
상소하여 이루어진 것이다.

영의정 정태화는 소장에서 "임란 때 북도의 백성들이 왕자와 대

---

16 『국역 농포집』, 부록, p.355.
17 억울하게 입은 죄를 풀어준다는 뜻.

신을 잡아 반란을 일으켜 왜적에게 항복하였지만, 문부는 북평사로서 의병을 일으켜 역적을 치고 주군을 회복시켰고 그 공으로 길주목사에 임명되었으나 상급자의 비위에 거슬려서 끝까지 쓰이지 못했습니다. 광해 조에 이르러서는 고향에 은거하고 있다가 반정 뒤 곧바로 전주부윤에 제수되었고 얼마 후 모친상을 당하여 여묘살이를 하였습니다." 이와 같이 장군의 일대기를 서술하면서 장군이 억울한 누명으로 죽음에 이르게 된 과정을 소상히 기록하였다. 현종이 이르기를 "그 시에 무슨 말이 있었는가" 하니 영의정 정태화가 "초나라가 삼호만 남아 있어도 진나라를 망하게 할 것이다"라는 그 시를 낭독하니 현종이 "시어(詩語)에 중대한 뜻이 없는 것 같다"라고 말했다. 영의정 정태화가 추증을 건의하고 허적 등도 추증을 건의하였다. 이는 함경도 감사 민정중이 장군이 임란 때 큰 공을 세웠으나 억울하게 죽어 많은 사람이 안타까움을 느낀다고 말하고 장군과 함께 싸웠던 분들을 포상하고 추증할 것을 제청하였기 때문이다. 또한 이단하가 자기 부친 이식이 북평사로 있으면서 장군이 의병을 일으켜 적을 토벌한 것을 자세히 기록한 『북관지』를 들어 지금까지 함경도 사람들이 장군의 죽음을 억울하게 여긴다고 아뢰었기 때문이다.

명예 회복

1666년(현종 7년) 회령에 사당을 짓고 현충(顯忠)이라고 사액을 받았고 1707년(숙종 37년) 부령에도 사당을 짓고 숭렬(崇烈)이라

숙종으로부터 '충의' 시호를 받다. (출처: 독립기념관)

는 사액을 받았다. 불행히도 이 사당들은 북한에 있기 때문에 지금은 어떤 형태로 남아 있는지 알기가 어렵다. 실로 안타까운 일이다. 또한 함흥에도 사당을 세워 13의사를 배향하였다고 하는데, 현재로서는 확인할 길이 없다.

1667년(현종 8년) 5월에 장군에게 '숭정대부 의정부 좌찬성 겸 의금부사 지경연 춘추관 성균관사 홍문관 대제학 5위 도총부 도총관'을 추증하고 임란 때 의병으로 정문부를 도와 왜적을 물리친 오응태에게는 병조판서, 이유일과 한인제에게는 병조참의, 강문우에게는 군기시정, 최배천에게는 사복시 첨정, 원충서에게는 군기사 부장, 이붕수에게는 지평, 지달원에게는 병조정랑, 허진과 김국신에게는 의금부 조사를 각각 추증하였다. 장군을 비롯한 함경도의 영웅들은, 비록 늦었지만 어느 정도 명예 회복을 하게 된 것이다. 최창대가 북평사가 되어 장군과 여러 의병을 찬양하는 '북관대첩비'를 세웠다.

장군의 집 앞에 신도비를 세우고 장군의 사후 90년 만인 1713년(숙종 39년)에 '충의(忠毅)'라는 시호(諡號)[18]를 내려 그의 위대한 공적을 기려 오늘에 이르고 있다. 충의의 뜻을 풀자면, "환란(患亂)을 맞아 나라를 잊지 않음을 '충(忠)'이라 하고, 과감하게 적을 무찌른 것을 '의(毅)'라 한다"[19]는 것이다.

외재 이단하는 "북방은 윤관이 처음 9성을 두고부터 317년 뒤에 고을들이 몽고에 들어간 것을 김종서가 그 땅을 수복하여 진을 두었는데 김 공이 처음 6진을 둔 때로부터 161년 뒤에 고을들이 또다시 왜적에게로 들어간 것을 정문부가 그 땅을 수복하였다 이 세 사람은 공로로써 국법에 제사 지냄이 마땅하다"[20]고 하였다.

1788년 정조 임금은 부조(不祧)[21]의 은전(恩典)을 내리고 1970년에는 전국 유림의 발의로 진주에 충의사, 의정부에 충덕사를 세웠다. 진주에는 '충의사'라는 박정희 당시 대통령의 친필 사액을 받아 오늘에 이르고 있다. 이후 전국 유림에서는 춘·추향제를 올리고 있다.

---

18 유교 문화권에서 벼슬한 사람이나 관직에 있던 선비들이 죽은 뒤에 그 공덕을 칭송하여 임금으로부터 받은 이름.
19 『국역 농포집』, 연보, p.395.
20 『국역 농포집』 권5, 부록, 신도비문 중에서, p.323.
21 나라에 공이 있는 사람의 위패를 영원히 모시게 하는 것.

6장

북관대첩비

비석의 건립과 일본으로의 반출

비석의 건립

임진왜란이 종식되고 100여 년 뒤인 1708년(숙종 35년)에 임진왜란 당시 대승을 거둔 행주나 연암 땅에는 권율 장군·이정암 장군의 공적을 기리는 비석이 건립되어 있었다. 그러나 어려운 상황에서 궐기하여 일본군을 축출한 충의공 정문부 장군과 그 휘하의 의병들이 거둔 승리의 사실을 후세에 전할 사적비는 없었다. 이것을 안타깝게 여긴 관북 지방의 뜻있는 인사들이 함경도 길주군 임명 땅에 '유명 조선국 함경도 임진의병 대첩비(有明 朝鮮國 咸鏡道 壬辰義兵 大捷碑)'란 비석을 세웠다. 이 비석을 '북관대첩비(北關大捷碑)'라 통칭한다.

북관대첩비에는 함경도 의병이 가토 기요마사가 거느린 왜군을 무찌른 일, 왜란이 일어나자 반란을 일으키고 함경도로 피난한 두 왕자를 왜적에게 넘긴 국경인을 처형한 전말 등의 사실이 기록된 1,500여 자의 비문이 기록되어 있다.

조선 숙종 때 함경도 북평사로 부임한 최창대(崔昌大)가 관북 지방의 여러 뜻있는 인사들과 함께 높이 187cm, 폭 66cm, 두께 13cm, 무게 900kg의 이 비석을 건립했다. 최창대는 대첩비를 세우기 위해 함경도의 유지들에게 이렇게 말하였다. "섬 오랑캐의 전화 (戰禍)가 몹시 심하여 한성이 함락되고 팔도가 무너졌는데, 이분들은 죽음을 걸고 의로운 군사를 이끌고서 억센 도적을 무찔러 우리나라의 발상지로 하여금 끝내 오랑캐 땅이 되는 걸 면하게 하였다. 변방 사람들이 그 풍모를 듣고 일어나 충의를 서로 권하게 된 것이 그 또한 누구의 힘이더냐? 행주 연안에는 모두 비갈(碑碣)이 있어 사적(事跡)을 적어 그 공을 나타내었으므로, 동서로 오가는 사람들이 우러러보고 굽어보고 하거니와 관북의 거룩한 공로를 가지고도 비갈(碑碣) 하나 없으니 어찌 여러분의 수치가 아니겠는가."[1] 이에 모두 찬성하였다.

장군의 활약은 왜군에 승리하였다는 의미 외에 나라의 통치 기능이 완전히 미치지 못하던 함경도 땅을 수복하여 조선의 강토를 분명히 하였다는 것에 큰 의미가 있다 할 것이다. 왜군이 공격하자 끊임없이 북방을 괴롭히던 여진족도 그 틈을 이용하여 함경도의 점령을 노리고 침략하였고 장군과 그 의병들은 그들조차 물리쳤다. 정조 때의 홍양호(洪良浩1724~1802)[2]는 〈임명대첩가(臨溟大捷歌)〉

1 『국역 농포집』 권5, 부록, 북관대첩비 비문 중에서, p.330.
2 조선 후기의 문신이며 이조판서·홍문관 대제학 등을 거쳤다. 문장이 바르면서 숙련되고 법칙이 있어서 당시 조정의 신료 중 따를 사람이 없다는 평을 받았다. 서체도 뛰어나고 『해동명장전』 등 많은 저술을 남겼다. 1764년 일본에 가는 통신사 일행에게 부탁해 벚나무 묘목을 들여다가 서울 우이동에 심어 뒷날 경승지를 이루게 한 일도 있다.

에서 장군의 공적을 이렇게 평가하였다.

김종서와 윤관의 강토 개척은 나라에 위엄이 있고 군대가 강하여서
이었지만 공은 혼란할 때 빈주먹을 휘둘러 미친 물결 버티고 선 지
주산 같았다. 그렇지 않았다면 두만강 안쪽을 잃어버리고 중국에
게 땅을 잠식당하였으리…[3]

북관대첩비는 임란 후 바로 세운 것이 아니라 100여 년이 지난
후에야 당시의 함경도 북평사인 최창대가 옛날의 전공을 조사해
서 비문을 쓰고 그 지방 백성들이 비를 세운 것이다. 즉 국가에서
건립한 것이 아니라 민립비(民立碑)로 세우게 된 것이다.

함경도는 고려와 조선에 걸쳐 윤관의 9성 설치와 김종서의 6진
개척 등을 통해 넓혀진 영토로 역사적으로 변방시당하고 중앙조
정과는 괴리감이 있었다. 또한 파견된 관료의 학정으로 민심 이반
이 만성화되어 있었다. 가토 기요마사의 왜군이 침입해 오자 왜적
편에 붙어, 피난온 두 왕자(임해군과 순화군)와 관리들을 붙잡아 왜
군에게 넘기고 왜군이 주는 벼슬을 받는 등 반역 행위를 서슴지
않았던 것이다. 오죽했으면 가토 기요마사가 이곳은 오랫동안 나
를 기다리고 있었던 것 같다고 했을까.

이러한 함경도의 분위기에서 의병이 일어났다는 것은 큰 의미
가 있다고 아니 할 수 없다. 이는 북평사로 있던 장군과 교생(校生)

---

3 『국역 농포집』 권6, 부록, p.358.

등 사제간의 특수한 정과 의리 그리고 젊은 유생들의 정의감에서 우러나온 것이라 볼 수 있다.

임란 중인 1592년 7월, 선조의 신임이 두터운 윤탁연(尹卓然)이 함경도 관찰사로 부임하고 관군이 왜군에게 완패한 후 9월경에 장군의 의병군이 활동을 시작되자, 관군과 의병의 대립이 일기 시작했다. 윤 감사는 정문부 의병장을 자기의 부하인 북평사로 보고 지휘·감독하려 하고 장군은 관군이 아닌 자발적인 의병으로서의 작전권을 행사하려고 감사의 말을 듣지 않았다. 왜군에 비해 소수이고 열세인 의병은 복병과 기습 작전으로 연전연승의 전과를 내고 있는 데 반해 윤 감사 자신은 의병의 공을 자기의 공으로 삼기도 어려워 시기와 분노로 가득했다. 양자 대립 관계로 그 간극을 끝내 좁히지 못하였다.

윤탁연의 보고에만 의존하고 있는 선조는 중신들이 피력한 의병 칭송에도 불구하고 윤 감사의 보고만 믿고 편향된 판단을 하고 있었다. 이러한 와중에 종성부사 정현룡은 초기에 관군이 대패하자 가토 기요마사에게 항복서를 보내기까지 했다. 그러다 나중에 적진에서 도망쳐 나와 장군의 의병단에 합류하게 되었다. 이때 장군은 그의 관직이 높아 그를 의병장으로 천거했으나 정현룡 본인도 사양하고 제장졸 모두 장군이 의병장이 되길 바라므로 정현룡은 부장(副長)이 되어 활약하였고 전후에는 북병사까지 올랐으나 북쪽 오랑캐와 싸우다 전사하였다.

윤 감사는 정 장군을 자의로 경질하여 한번은 부사 정현룡에게, 한 달 뒤에는 부사 오응태에게 의병장을 맡게 했다. 하지만 또한 달 뒤에는 부득이 장군을 의병장으로 복귀시킨 일도 있었다. 이는 의병을 관군으로 취급하여 그 성과를 자기의 공으로 삼고자 한 것이라 하겠다.

또한 선조도 대신들이 장군의 공을 인정해도 유독 다른 견해로 일관했다. 좌의정 윤두수(尹斗壽)는 선조 26년 2월 27일 "정문부의 공이 매우 크다"고 보고하고 조정 대신들도 여러 차례 북관대첩을 정문부의 공이라 하였으나 선조는 "아니다"라고 하면서 완강하게 장군의 공을 인정하지 않았다.[4]

선조 28년 2월 20일 우의정 정탁(鄭琢)이 "정문부는 장수의 재목이며 맨손으로 큰 공을 세웠는데, 이 같은 사람은 쉽게 얻을 수 없다"고 고하자 선조는 "내가 듣기에는 그렇지 않다. 북도의 일은 바로 정현룡 등의 공이요, 정문부는 남의 힘으로 일을 이룬 것이다"[5]라고 했다.

선조 28년 6월 15일에는 왕이 함경감사 홍여순(洪汝諄)을 인견할 때 그가 "경성 사람들이 북관대첩의 큰 공로를 세웠을 때 감사 윤탁연이 정문부 의병장의 공을 인정치 않고, 보고한 내용을 고치거나 덮어버리고 장계를 올림으로서 수년이 되도록 조그마한 상조차 없었고 상이 고르지 않아 이 지역 인심을 나쁘게 하는 이유가 대개 여기에 연유합니다"라고 고하자 "이 뒤로는 남의 잘못을 말

---

4 『선조실록』 권35, 선조 26년 2월 27일.
5 『선조실록』 권60, 선조 28년 2월 20일.

정문부 평전

하지 말라"고 딱잘라 말했다.[6]

또 선조 29년 회령부사 인선 논의 끝에 선조가 "정문부가 어떠한가, 어떤 자는 북도에서 이긴 것은 남 때문에 이룬 것이고 본디 그의 지용이 아니라고 하니 다시 헤아려 품신하라"[7] 하였다.

위와 같은 선조의 오해와 편견은 윤탁연의 왜곡된 보고에 의해 북관대첩의 실상에 대해 굴절된 시각을 갖고 있었기 때문이라 보인다.

또한, 도성인 한양 근처가 아니라 멀리 관북 지방에서 싸웠으며 관북 지방에서 관군을 지휘할 책임을 맡았던 임해군·순화군 두 왕자가 용감하게 싸운 흔적은 없고 관북의 주민들에 의해 일본군에게 넘겨진 이유도 작용했던 것이다. 두 왕자가 정문부 장군과 함께 싸운 흔적이라도 있었다면 아마도 장군의 공적도 훨씬 더 제대로 평가가 되었을 것이라 짐작해본다. 그리고 선조로서는 북관대첩이 조선의 승리, 관군의 승리이기보다는 함경도 지방의 반조정적 정서가 작용한 상징으로 받아들였을 수도 있다. 이러한 이유들로 인해 선조가 정문부 장군의 공적을 끝까지 인정하지 않으려 했던 것으로 보인다.[8]

장군뿐만 아니라 이순신 장군과 곽재우 장군도 선조의 눈 밖에 나 있었다. 이런 여건 속에서는 승전은 있어도 승전비는 설 수 없

---

6   「선조실록」 권64, 선조 28년 6월 15일.
7   「선조실록」 권82, 선조 29년 11월 19일.
8   정태섭, 「북관대첩 관련 사료의 재검토로 본 정문부 의병군의 인적 구성」, 「명청사연구」 27, 2007.

어 적어도 100여 년을 더 기다려야 했던 것이다. 선조와 윤탁연 관찰사로 인해 장군과 북관 의병들의 위대한 공적이 땅에 매몰되어 있었다. 그러다 40여 년이 지나자 의병의 기록을 캐는 현창 사업이 시작되었고, 100여 년이 지난 1709년에 함경도민들 주도로 북관대첩비를 세우게 된다. 북관대첩비는 그 잉태부터 출생까지 우여곡절을 간직한 대첩비였던 것이다.

비석의 일본 반출

1905년 러일전쟁 당시 일본군은 우수리강 너머에 주둔하고 있던 러시아 군대의 남진 위협에 대비할 목적으로 함경도에 일개 사단 정도의 규모의 병력을 배치해 두고 있었다. 이 무렵 마침 길주 지방에 주둔했던 일본군이 북관대첩비를 발견하였다.

당시 이 지역의 일본군 제2사단 제17여단장 이케타 마사스케(池田正介) 소장은 비문의 내용이 한·일간의 친선을 도모하는 데 유해하다는 구실을 붙여 지방 유지들을 총칼로 위협하여 철거를 단행했다. 그는 "일본이 조선 독립을 위해 청나라·러시아와 전쟁을 치렀으며 이제 평화가 회복되었는데 이런 기념비가 조선 땅에 남아 있으면 일본과 조선의 친목을 유지하는 데 방해가 된다"[9]며 비를 철거해 달라고 했더니, 함경도 지방의 유지 수십 명이 선선히 이에 동의하고 자기에게 양도했다는 궤변을 늘어놓았다.

---

9 박도식, 「북관대첩비에 보이는 함경도 의병의 활약상」, 『인문학연구』 13, 2006.

그러나 사실은 자발적 양도가 아니었다. 주민들을 협박해서 일본으로 가져갔던 것이다. 그는 이 비석을 마치 전리품인 양 개인 소유로 삼았다. 그리고 러일전쟁이 끝난 직후인 1905년 10월 함경도 지방

반출 당시의 비각 (출처: 방랑가족의 블로그. https://blog.naver.com/intersjh/221672258265)

에 출동했던 일본군 제2사단장 미요시 중장이 본국의 명령을 받아 일본으로 귀환하게 되었을 때 당시 여단장이었던 이케다 소장은 미요시 중장에게 이 비석을 전별 선물로 상납하였다. 미요시는 이를 천황에게 갖다 바치기로 한다.

북관대첩비는 전리품처럼 군함에 실려 일본으로 건너갔다. 히로시마를 경유하여 도쿄 궁내부 진천부에 진열되었다. 그리고 다시 야스쿠니 신사 경내 유치관으로 옮겨져 유치관에서 전리품으로 보관되었다. 그 후 이 비석에 현지 자연석으로 비대를 받치고 비모를 씌어 야스쿠니 신사의 한구석에 방치하였다.

일본군 측에서 보면 농포 정문부 장군과의 북관 전투는 참으로 치욕스러운 일이다. 거의 다 삼킨 줄 알았던 함경도를 정문부 장군에 의해 완전히 빼앗겼기 때문이다. 러일전쟁을 기회로 이 비를 일본에 반출한 것은 표면적으로는 일본의 전리품이었다고 하나, 사실은 잊고 싶은 지난날의 상처를 감추기 위함이며 장군의 업적에 대한 일본의 열등의식이 표출된 것이라고 볼 수 있다.

일본 측의 자존심 회복이라는 측면으로도 볼 수 있고 조선의 민족 정기 말살을 위한 역사적인 기념물 제거 차원으로도 볼 수 있다. 이 시기에 일본의 역사학자 시라토리 구라키치는 광개토왕비도 일본으로 반출하려고 시도했는데 "이 비문에는 일본에 재미 없는 것이 적혀 있다"[10]라며 일본으로 가져가려 했으나 실행하지는 못했다.

또 한편으로는 '정한론(征韓論)'을 주장한 사이고 다카모리는 북관대첩비는 조선의 명당에 있고 기가 센 물건이니까 빼앗아와야 조선을 온전히 병합할 수 있고 길주의 대첩비를 없애야 조선을 얻을 수 있다고 후배들에게 교육했다고 한다.[11] 사이고의 유언에 따라 1905년 이케다 소장이 대첩비를 빼내 갔다고도 추론할 수 있다.

북관대첩비가 세워질 당시의 풍수지리설에 의하면 길주는 동아시아 최고의 명당이고 땅의 모습이 마치 한 마리의 용이 웅크리고 있는 것에 비유되었다고 전해진다. 한반도에 있어서 일본은 용의 수염에 해당하고 북관대첩비가 있는 길주는 용의 눈에 해당된다는 표현도 있다. 이렇게 북관대첩비를 일본으로 강탈한 이유를 정한론에 근거해서 바라보는 시각도 있다.

이순신·권율 같은 장수는 정식 관직을 갖고 승리하였지만 정문부 장군은 오합지졸 같은 의병 3,000여 명으로 가토 기요마사의 일

---

10 이문영, 〈광개토왕비를 일본으로 옮겨라〉, 「매일경제」, 2016. 9. 5.
11 심희정, 〈역사소설 「북관대첩비」 펴낸 안동일 씨〉, 「경향신문」, 2006. 3. 14.

본군 정예병력 2만 8,000여 명을 물리쳤다. 조선의 선비가 일본의 사무라이와 대적하여 승리한 위대한 전투에 대한 기록이라고 볼 수 있다.

북관대첩비뿐만 아니라 귀중한 전리품들은 일단 황궁으로 보내졌다. 전리품의 주인이 천황이었기 때문이다. 전리품의 체계적인 보관을 위해 일본은 전리품 규정을 만들어 이 규정에 따라 모든 전리품을 정리하고 분배했다. 전리품을 원하는 기관은 육군 대신에게 목적을 명기하여 신청서를 제출했다. 이때 북관대첩비를 가져가겠다고 나선 사찰이 있었는데, 규슈 구마모토에 있는 혼묘지란 절이다. 이 절은 정문부의 함경도 의병에게 패배했던 가토 기요마사가 세웠는데, 지금도 매일 가토 기요마사를 위해 불공를 드리고 있고 그의 유품을 보관하고 있다. 아마도 가토 기요마사와 관련된 내용이 들어 있는 비석이라 보관하려고 했던 것 같다.

그러나 북관대첩비는 개인 사찰이 아니라 황실 소속인 야스쿠니 신사로 옮겨졌다. 일본이 이 북관대첩비를 군이 약탈해간 것은 문화재로서의 가치보다는 역사적 치욕을 은폐하려는 속셈으로 보인다. 그리고 하필이면 야스쿠니 신사에 방치한 이유는 당시 북관에서 죽은 왜군의 원혼을 달래기 위함이 아니었을까? 이것은 정문부 장군과의 길주 전투 당시 패배의 기억이 당시까지 이어지고 있었다는 사실을 보여주는 상징적인 사례라고 볼 수 있다.[12]

---

12 김시덕, 「근세 일본 임진왜란 문헌군에 보이는 함경도 지역의 의병 활동에 대하여」, 『한일군사문화연구』 제12권, 2011.

북관대첩비 환수

비석의 발견

1909년 일본 유학생이었던 조소앙(趙素昻)[13]은 우연히 야스쿠
니 신사에서 북관대첩비를 발견하였다. 그리고 그 내용을 보고 울
분을 참지 못했다. 그는 '소해생'이라는 필명으로 『대한흥학보』 제
5호(1909년 7월)에 〈함경도 임진 의병 대첩문〉이라는 글을 발표하여
임진·정유왜란 당시 정문부 공이 길주에서 적병을 대파한 내용을
기록한 비가 야스쿠니 신사에 있다고 하면서 이 비를 가져간 일본
을 꾸짖고 분개하였으며 이 비를 빼앗긴 것을 한탄하며 "누가 이
사실을 분개하지 않을 것이며 북관대첩비를 빼앗긴 큰 죄를 면할
수 있겠는가"[14]라고 기록을 남겼다.

---

13 본명은 조용은(趙鏞殷), 호는 소앙(素昻). 1887년 파주 교하에서 출생하여 1958년 사
   망함. 일제에 강탈된 조국의 광복과 독립을 위해 헌신한 이론가이며 대한민국 임시
   정부의 기본 정치 이념인 삼균주의를 창안한 독립운동가. 그의 삼균주의 정치사상
   은 좌우파 모두에게 수용되었다. 선생은 삼균주의를 바탕으로 대한민국 최초 헌법인
   〈대한민국 임시헌장〉을 기초하였다. 문장가이자 사상가였고 동시에 실천가였다.
14 최문성, 「농포 정문부 선생 전기」, 『경남권문화』 23호. 원전: 『대한흥학보』 제5호 1909. 7.

조소앙기념관(양주시 남면 양연로 173번길 87 소재)

한국광복군총사령부 성립 전례식에 참석한 조소앙(좌로부터 김구·조소앙·신익희·김원봉)(출처: 조소앙기념관 전시 자료)

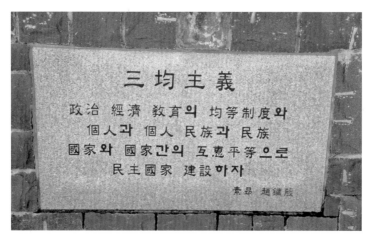

조소앙기념관의 '삼균주의' 비석(삼균주의—정치·경제·교육의 균등제도와 개인과 개인, 민족과 민족, 국가
와 국가 간의 호혜평등으로 민주국가 건설하자)

1926년 6월 19일 자 「동아일보」에는 이생(李生)이라는 무명의 투
고자가 야스쿠니 신사에 있던 북관대첩비 옆에 "이 비는 함경도 명
천군 임명진에 있었는데, 일본이 조선과 전쟁한 사실을 기재하였
다. 비문에는 대첩이라 하였지만 그때의 사실과 전면 서로 다르니
세인(世人)은 이 비문을 믿지 말라"고 쓴 나무패가 서 있었다고 증
언하였다.

이생은 "후면 정원에 높이가 5자가량의 웅장한 비석이 서 있어
서 그 비석을 정면에 서서 보니 북관대첩비라 새겨져 있었다"고 말
했다. 비석을 본 그는 매우 놀라 비문을 자세히 보려 했지만 헌병
이 제지하여 보지 못하고 비석 좌측의 목패만 보게 된 상황을 전
했다. 그리고 마땅히 우리 땅에 있어야 할 이 비석이 일본으로 건
너간 사실에 대해 "옛날의 전례로 보면 일본이 강탈한 것이 사실

일 것"이라고 주장하였다.[15]

이생은 비록 북관대첩비의 내용을 확인하지 못했지만, "우리 조선인은 고래(古來)로부터 패하고서 이겼다고 자찬하여 비석을 세우는 일이 없는 이상에 그 비문의 당당한 정신을 우리가 충분히 추측할 수 있다"고 주장하였다. 그리고 "우리의 사적(史蹟)이 임명에 있다가 이역의 일본 땅에 방치당하고 있는 사실을 깊이 기억하여 두자"고 마음가짐을 다졌다. 그리고 이생은 이 소중한 비가 일본에 의해 혹시 없어질까 봐 안타까운 마음으로 이 사실을 「동아일보」를 통해 한국에 알렸던 것이다.

그러나 당시 조선의 주권이 일본으로 넘어가 있던 상황에서 그 누구도 어떠한 조치도 취하지 못하였다. 해방 이후에도 6·25 전쟁의 혼란 속에 북관대첩비에 대한 문제는 한동안 언급조차 되지 않았다. 심지어 한일회담 당시 한국 정부가 반환을 요청한 일본의 약탈 문화재 목록에도 빠져 있었다.

반환 운동의 시작

북관대첩비는 일제강점기 35년, 해방 이후 30년간 잊혔다. 그러던 1978년, 국제한국연구원장이었던 최서면(崔書勉)[16] 선생이 조

---

15 최문성, 「농포 정문부 선생 전기」, 『경남권문화』 23호.
16 1928년~2020년. 강원도 원주 출생이며 연희전문 정치과를 나왔다. 김구 선생을 따라 신탁통치 반대 운동에 참여하였고 1957년 일본으로 망명하였다. 이후 30여 년간 도쿄에 머물면서 한일관계 역사 자료 수집과 연구에 힘썼다. 2010년 국민훈장 모란

소앙 선생의 글을 우연히 보고 야스쿠니 신사를 방문하여 북관대첩비의 실물을 보게 되었다. 최 원장이 발견할 당시 이 비는 야스쿠니 신사의 비둘기 사육장 옆에 말 그대로 팽개쳐 있었다. 이에 대해 신사 관계자들도 "예전부터 있던 것이긴 한데 무슨 물건인지, 왜 여기에 와 있는지 모르겠다"고 말했다고 한다.

최서면 원장은 국제한국연구원에서 발간한 잡지인 『한(韓)』 통권 74호에 「75년 만에 확인된 함경도 임진의병 대첩비」란 글을 기고하였는데, 이 글은 북관대첩비의 존재가 국내에 알려지는 계기가 되었다.

북관대첩비의 소재를 알게 된 장군의 후손인 해주 정씨 문중에서는 문화공보부 장관에게 북관대첩비의 환수에 힘써줄 것을 촉구하는 탄원서를 보내고 한일친선협회를 통해 야스쿠니 신사에 북관대첩비의 반환을 요구하였다.

이때부터 반환 운동이 시작되었다. 이듬해인 1979년, 한국 정부는 최초로 북관대첩비 반환을 일본에 요청하였지만 일본 정부는 이를 단호히 거절했다. 그런데 그해 박 대통령의 암살로 인해 북관대첩비 문제는 대중의 관심에서 멀어졌다.

2018년 구마모토국제대 부이사장이었던 이충호 님은 동양일보에 기고한 글에서 1990년 이 비석을 처음 보았을 때 도쿄 야스쿠니 신사 한구석 비둘기집 아래 한 모퉁이에서 비둘기의 흰 똥으로 덮여 방치되어 누워 있었다고 말했다. 이후 이충호 님이 이 비석

장을 받았다. '살아 있는 현대사'라고도 불렸다.

북관대첩비의 소재를 국내에 알린 최서면 국제한국연구원장 (출처: 연합뉴스)

의 역사적 내용을 설명하면서 학생들에게 탁본하는 방법을 알려주고 이 비석을 탁본해 제출한 학생에게 국사 점수 가산점을 주기로 하였다. 이에 학생들이 수시로 가서 탁본을 했다. 이 일이 처음에는 별문제 되지 않았다. 그런데 나중에 간 학생들이 관리인에게 발견되어 야스쿠니 신사 측에서 도쿄 한국 학교에 항의하는 일까지 벌어졌다고 한다.[17]

이후에도 한국 사람들이 북관대첩비를 보려고 계속 방문했기에, 야스쿠니 신사 측은 2000년 2월 과거 누워 있던 곳으로부터 200미터가량 떨어진 본전 옆 숲 속으로 옮겨버렸다. 그곳은 나무가 울창해서 낮에도 어두침침했다. 이곳은 신사 내에서 가장 깊숙

---

17 http://www.dynews.co.kr/news/articleView.html?idxno=367536(이충호, 2018. 3. 8.)

한 곳이라 일반 관람객이 거의 찾지 않았다. 더욱이 비석이 이곳에 있다는 것을 알고 찾아온 사람이라 해도 가까이서 볼 수 없게 숲 둘레에 높은 철책을 설치했다. 또한 1톤이 넘는 무게의 머릿돌을 얹어 놓아 일본 측이 조선의 민족 정기를 짓누르기 위함이라는 의심을 충분히 갖게 만들었다.

1978년 이후 이 비석의 존재가 세상에 알려지자 해주 정씨 문중, 한국호국정신선양회·북관대첩비환수추진위원회·한일문화재교류위원회 등의 민간단체와 조선의 마지막 황태손 이구 씨를 비롯한 조선황실 문중, 정문부 장군과 함경도 의병들의 후손 및 우리 정부는 비석 반환을 위해 일본 정부와 야스쿠니 신사에 지속적인 요청을 했다. 해주 정씨 문중에서는 정채섭 대종친회장, 교육부 차관을 지냈던 정태수 총장 그리고 정규섭 종손 등이 우리 정부와 함께 반환 요구서를 제출하였다.

야스쿠니 신사 숲속에 방치되었던 북관대첩비 (출처: 국가유산청)

그리고 일본에서도 반환 운동이 일어나서 1996년 일본의 승려인 가키누마 센신이 야스쿠니 신사에 반환을 촉구하였고 야스쿠니 신사로부터 처음으로 공식 서한을 받았다. "당 신사에서는 한국과 북한의 합의가 이루어지고 한국 정부가 일본 정부에 정식으로 요청하면 속히 반환할 용의가 있음을 확인하여 드린다"는 내용이다.[18]

한국과 일본의 과거사를 바로잡기 위해 북관대첩비 반환 운동을 펼친 센신 스님은 2000년 한국에서 뜻을 같이할 수 있는 초산 스님을 만났다. 그리하여 한국과 일본의 불교계가 연합하여 북관대첩비 반환 운동을 공동으로 추진하게 되었다.

2003년 12월 대한민국 외교부는 비석 반환을 위해서는 남북한의 긴밀한 공조가 필요하다고 판단하게 되었다. 야스쿠니 신사에 반환을 강제할 수 없다는 일본 정부의 입장과 남북의 합의 이후 일본 정부의 공식 요청이 있어야 반환할 수 있다는 야스쿠니 신사 측의 공식 입장을 확인하였기 때문이다.

2004년에는 '북관대첩비 환국 범민족운동본부'가 출범했다. 2005년 3월에는 남측의 한인불교복지협회(초산 스님)와 북측의 조선불교도연맹(박태화)이 중국 베이징에서 비 반환에 관한 남북협의서를 체결하였다. 2005년 4월에는 이해찬 당시 국무총리가 아시아-아프리카 정상회의에서 북한의 김영남 상임위원장에게 비석

---

18 강보배·정준호, 「다중흐름모형(MSF)을 활용한 문화재 환수과정 분석—북관대첩비 환수사례를 중심으로—」, 『한국자치행정학보』 30, 2016.

반환 합의를 위한 협의를 제의하였다. 그리고 2005년 5월, 우리 정부는 비석 반환을 위한 '남북 문화재 당국 간 회담'을 북측에 공식 제의하였다.

2005년 6월에는 한일정상회담에서 노무현 대통령과 고이즈미 일본 총리가 비석 반환에 대해 합의하고 남북 장관급 회담에서 비석 반환을 위한 공동 노력을 포함한 남북 간 12개 조항의 합의 사항을 발표하였다. 그리하여 2005년 6월 28일 우리 정부는 일본 정부에 비석 반환을 공식 요청하게 된다.

2005년 7월에 비석의 현황과 해체·이송 방법을 강구하기 위해 문화재청 국립문화재연구소 문화재보전과학센터에서 야스쿠니 신사를 방문하였다. 그 당시 비석을 본 김사덕은 "습하고 구석진 그늘의 허름한 보호각 아래 천덕꾸러기처럼 놓여 있던 북관대첩비를 보고 씁쓸하지 않을 수 없다"고 하였고 "나무가 우거져 통풍도 제대로 안 되고 한쪽에 덩그러니 놓여 있는 북관대첩비는 벌 받는 것처럼 무겁고 조악하기 짝이 없는 머릿돌을 지고 있었다"라고 기록하였다.[19]

일본 정부는 비석 반환에 대해 협조 의사를 표명하고 야스쿠니 신사 이사회에서도 비석 반환을 공식 결정하여 2005년 10월에는 야스쿠니 신사에서 '북관대첩비 반환 합의서' 서명식을 개최하고 10월 13일 야스쿠니 신사에서 북관대첩비를 반환하기 위한 공사를 시작하였다.

---

19 문화재청, 「관과 민, 남북협력으로 환수 북관대첩비」, 2016. 7. 29.

이때 북관대첩비가 견뎌야 했던 세월의 무게인 비석을 누르고 있던 돌은 좀처럼 떨어지지 않았다고 한다. 일제가 조선의 민족정기를 짓누르기 위해 1톤 무게의 머릿돌을 올렸다는 추측을 불러일으켰다.

머릿돌을 떼어낸 후 하단을 제거하는 작업도 수월하지 않았다. 콘크리트 더미에 비신(碑身)이 단단히 박혀 있었기 때문이다. 이 또한 정교한 작업이 필요했다. 북관대첩비는 높이 187cm, 폭 66cm, 두께 13cm로 1,500자의 비문이 새겨진 전승 기념비이다.

민족혼을 복원하다

2005년 10월 15일에는 야스쿠니 신사에서 고유제(告由祭)[20]를

야스쿠니 신사에서 지내는 고유제 (출처: 포토뉴스)

---

20 개인의 집이나 나라에서 큰일을 치를 때나 치른 뒤에 그 사정을 신명이나 사당에 모신 조상에게 고하는 제사.

국립중앙박물관 1층 로비에 전시된 북관대첩비를 보는 관람객들 (출처: 연합뉴스)

지내게 된다. 이는 단순히 비석 하나를 돌려받는 일이 아니다. 잃
어버린 역사를 되찾는 사건이기 때문이다. 그리하여 2005년 10월
20일, 북관대첩비는 일본으로 강제 반출된 지 100년 만에 그리던
고국으로 돌아오게 되었다.

국립중앙박물관 앞마당에서 환국 고유제를 지내고 동년 10월
28일부터 11월 6일까지 국립중앙박물관 1층 로비에 복원된 머릿돌
을 올리고 보존 처리가 된 북관대첩비가 조립되어 일반 시민에게
도 공개 전시되었다.

머릿돌은 북관대첩비 조성 당시와 유사한 시기에 조성된 해남
명량대첩비 등의 머릿돌을 참고하여 전문가들의 의견을 거쳐 화
강암으로 정성껏 조각하였다.

북한 개성 성균관에서 열린 북관대첩비 인도·인수식 (출처: 연합뉴스)

　　2006년 2월에는 비석의 북한 인도에 관한 남북 협의를 거쳐 2월 28일 의정부 용현동에 있는 장군의 묘소 앞 충덕사 앞마당에서 '북관대첩비 충의공 제향 의식'이 있었다. 해주 정씨 문중과 일부에서 통일될 때까지 북한 인도를 미뤄달라는 간절한 진정도 있었지만 결국 외교적 문제 등으로 북한으로 인도되었다. 식은 충덕사 제례에 따라 문중 후손들에 의해 참신례·강신례·초헌례·아헌례·종헌례·사신례 순으로 진행됐으며 식전행사로 취타대 공연이, 식후행사로 태평무 공연과 묘소 참배가 이루어졌다. 제향 의식이 끝난 후 2006년 3월 1일 삼일절 아침 7시에 서울에서 육로를 통해 북한 개성에 도착한 뒤 개성 성균관 명륜당 앞뜰에서 '북관대첩비 인도·인수식'을 치른 후 북측에 인도됐다.

이날 행사에는 유홍준 문화재청장과 비 반환을 위해 힘쓴 초산 스님, 정태류(해주정씨대종친회 회장), 최선규(강릉최씨문중 회장), 비석의 발견자인 최서면 박사 등 남측 관계자 150여 명과 김석환 북관대첩비찾기대책위원장 등 북측 관계자 50여 명이 참석했다. 북측 김석환 위원장은 환영사를 통해 "북관대첩비 반환은 전통과 애국정신을 되살리고 일본의 불미스러운 과거를 청산할 중요한 계기"라며 "북과 남이 공동 노력으로 비를 되찾은 것을 계기로 일제가 빼앗은 문화재를 모두 되찾는 활동을 벌일 것"이라고 말했다.

유홍준 청장도 환송사에서 "모든 문화재는 제자리에 있을 때 가장 빛나며 북관대첩비가 임란 중에 있었던 전승비 중의 하나지만 분단의 시기에 남북이 함께할 수 있는 것이 무엇인지를 지금의 우리에게 알려주었다는 의미에서 현대사적으로도 의미가 크다"고 말하였다. 또한 "북관대첩비 반환은 이 시대의 문화 의병 운동"이며 "남북 간 문화재 교류·협력 확대를 위해 문화재 당국 최고책임자 회담을 북측에 제안한다"고 말했다. 그리하여 비석의 원본은 원래 있던 자리인 길주(현 김책시)에 안치되었다.

정문부 장군이 이끄는 의병대의 지휘부가 자리 잡고 있던 '림명시 일대'는 비석을 세운 곳을 뜻하는 '비각덕'으로 불려왔으며 『향토지리지』「길주(현 김책시)지」에는 이 일대에 북관대첩비가 세워졌다는 기록이 남아 있다고 한다. 북한 측은 함경북도 김책시 임명리 현장에 북관대첩비가 복원되는 모습을 담은 동영상과 사진 8장을 통일부를 통해 전달하였다.

북한 측은 복원된 북관대첩비를 '조선민주주의인민공화국 국보

함경북도 김책시 현장에 복원된 북관대첩비와 안내문 (출처: 국가유산청)

북관대첩비 원본 (출처: 국가유산청)

유적 제193호'로 등록하였으며 김책시 인민위원회 명의로 북관대첩비를 설명하는 표지석과 안내석을 나란히 세웠다. 이렇게 하여 북관대첩비는 원래의 받침돌 위에 일제에 의해 강탈되어 100년간 방치되었던 탑신을 세우고 우리 측 국립문화재연구소가 복원한 머릿돌을 얹은 모습을 갖게 되었으며 1709년 건립된 후에 이 비가 겪어온 기구한 운명과 사연을 온몸으로 전하게 되었다. 북한 측 입장에서 보면 북관대첩비의 주인공인 정문부 장군은 남한의 이순신 장군처럼 모든 이가 경모하는 위인인 것이다.

북한이 북관대첩비를 돌려받은 뒤 남한 사람들의 참배를 허용할 것인가에 대해서, 당시 북관대첩비반환추진위원회에서는 길주(현 김책시)의 위치나 형식상의 문제로 쉽진 않겠지만 우리 쪽에서 정기적으로 참배할 것을 꾸준히 요청할 것이라고 했다. 또한 문화재청은 북관대첩비가 원래 자리에 완전히 복원된 뒤 후손 등 남쪽 관계자들이 참관하는 문제를 북쪽과 협의할 방침이라고 했다. 하지만 남북관계의 변화 등으로 인해 아직 현장 참배의 소식이 없으니 안타까운 일이 아닐 수 없다.

반환된 북관대첩비 비문의 한글 번역은 노산 이은상 님이 했고 반환된 북관대첩비의 정밀 실측 결과를 토대로 석재는 원래의 비신과 색상이 유사하고 강도가 강하여 보존력이 높은 충남 보령 웅천산 애석(艾石)을 사용하였다고 한다. 후에 머릿돌 및 받침돌을 황해도 해주산 화강석을 사용하여 만든 실물 크기의 복제본이 전국 여러 곳에 설립되었다. 경복궁 고궁박물관 앞뜰, 의정부 용현동에 위치한 정문부 장군의 묘소, 충남 천안시 독립기념관 그리고 진

정문부 평전

경복궁 고궁박물관 옆 잔디광장에 세워진 북관대첩비

독립기념관 제1전시관과 2전시관 사이 통로에 위치한 북관대첩비(2006년 7월 4일 건립)

주 이반성면 용암리 장군의 후손들이 세운 진주 충의사 경내에도 북관대첩비 복제본과 한글로 제작된 북관대첩비가 세워졌다.

그동안 독립기념관 수장고에는 북관대첩비의 탁본만 남아 있었다. 1996년 요코오 세이사부로라는 일본의 서예가가 이 탁본을 떴는데 그는 "탁본을 하면서 비석이 진동하여 울부짖는 것을 느꼈고, 하루빨리 한국으로 옮겨져야 한다"고 말하였다고 한다.[21]

이 탁본은 가키누마 센신 스님이 보관하고 있다가 2000년 우연한 기회에 만난 한국의 초산 스님에게 전해졌으며 천안 독립기념관 전시실에 이 탁본의 사본이 전시되어 있다가 현재는 독립기념관 수장고에 보관되어 있다.

이처럼 기구한 운명의 문화재인 북관대첩비는 정문부 장군의 영욕의 삶과도 닮았고 한국과 일본 그리고 남한과 북한 사이에 있어 뜻깊은 역사 복원 사업이라고 할 수 있다. 길주의 그 당시 원위치에 북관대첩비가 복원되면 남측의 관계자도 참관할 수 있도록 북한과 협의할 방침이었으나 협의가 성사되지 않아 불행히도 우리는 겨우 사진으로만 비석의 안치를 확인할 수 있게 되었다. 남북이 먼저 이러한 사업부터 하루빨리 협의하여 진행하길 기대해본다.

빼앗긴 문화재를 되찾아 오는 일은 우리의 슬픈 역사와 짓눌린 역사를 회복하는 것이었으며 지난한 과정을 통해 역사를 다시 찾는 것은 자기 자신을 다시 찾는 것과 다름이 없다. 문화재 반환과 역사적 사실을 복기하는 일은 자기 상실을 극복하는 첫 단계이기

---

21 최영희, 「정문부묘역 활성화를 위한 연구」, 의정부문화원, 2014.

독립기념관 전경

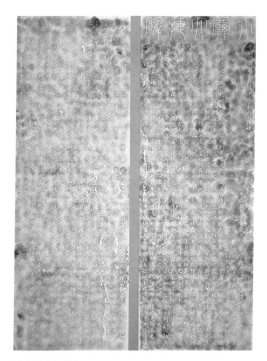

북관대첩비 탁본 (출처: 독립기념관)

때문이다.

북관대첩비의 환수는 단순히 문화재를 되찾는 데 그치지 않는다. 빼앗긴 민족혼을 복원하는 의미가 있으며 지난 1세기의 근현대사가 집약된 상징적인 사건이다. 북관대첩비는 세워진 과정, 일본에 강제 반출되어 야스쿠니 신사에 안치된 내막, 그 사실을 발견하고 환수 작업을 진행한 과정이 반전에 반전을 거듭하는 한 편의 드라마와 같은 극적인 요소들을 갖추고 있기 때문이다.

북관대첩비는 의병장 정문부와 관북의 의병들이 힘을 합쳐 일본군의 침략을 막아낸 과정을 기록한 구국 충정의 비석이자 일반 백성들이 자발적으로 조정 관료 출신의 의병장을 추대하여 외세의 침입을 격퇴한 민중과 민주의 비석이며 분단 이후 최초로 남북

해주 정씨 장군의 후손들이 북관대첩비를 세운 곤륜 최창대 선생의 묘소를 찾아 참배하는 모습 (출처: 연합뉴스)

정문부 평전

한이 서로 협조하여 해외로 반출된 문화유산을 환수한 민족 화합의 비석이다. 남북이 한목소리를 내고 일본이 협조한 사례로 이것이야말로 동아시아의 진정한 미래를 위한 상징이 아닐까 생각한다.

북관대첩비가 의병 활동에 관한 귀중한 역사적 자료인 동시에 남북 간의 잃어버린 역사성을 회복하고 한일 간의 불행했던 과거를 청산하는 증거로 자리 잡길 기대한다. 남북한은 북관대첩비 환수를 추진하면서 이왕이면 반환일로 광복 60주년을 맞는 8월 15일을 희망했지만, 일본이 정치적인 이유로 곤란하다고 해서 어쩔 수 없이 대첩비가 일본으로 간지 100돌이 되는 10월 20일로 정했다고 한다.

북관대첩비가 100년 만에 돌아온 뒤 원래 장소인 북한에 인도된 후 이듬해인 2006년 6월 13일에 해주 정씨 장군의 후손 40여 명이 이 비를 세운 곤륜(崑崙) 최창대 선생의 묘소가 있는 전주 최씨 집성촌 충북 청원군 북이면 대율리를 찾아 보은의 참배를 하였다. 이곳에 살고 있는 곤륜의 직계후손 10여 명도 먼 곳을 마다하지 않고 찾아온 손님들을 반갑게 맞이하고 두 집안의 특별한 인연을 기렸다.

강릉 황산사(篁山祠)의 북관대첩비

강원도 유형문화재인 황산사는 강릉 최씨의 시조이며 고려 개국공신인 충무공 최필달(崔必達)의 위패를 모신 사당이다.

강릉시 운정동 소재 황산사 전경. 강원도 유형문화재 58호.

황산사에 세워진 북관대첩비

정문부 평전

1936년에 강릉 남문동에 건립되었다가 1982년 현재의 위치로 이전하였다. 이 황산사에 북관대첩비가 있다. 강릉 최씨 문중은 정문부 장군을 도와 함경도에서 의병 활동의 중추적인 역할을 한 최배천[22]의 직계후손이다. 세종대를 설립한 최옥자는 사재를 출연해 비석이 반환되기 3년 전인 2002년에 현지에서 탁본하여 온 것을 가지고 북관대첩비를 세웠다. 강릉 최씨 문중에서 비석을 복원한 것은 바로 이 비문에 최배천이 기록되어 있기 때문이었다.

강릉 황산사 북관대첩비 건립 취지문

서기 1592년 일본군은 50만 대군을 이끌고 우리나라 바다와 육지를 전쟁터로 만들었다. 이것이 바로 임진왜란이다. 전쟁은 7년간 계속되었고 우리 관군은 패하여 선조 임금은 평안도 의주로 두 왕자는 함경도로 피난하였고, 일본군은 각 지역에서 말할 수 없는 노략질과 약탈을 해갔다.

이때 함경도 임명 지방에서 강릉 최씨 배천이 중심이 되어 의병을 일으켜 정문부를 지휘자로 삼고 이때 임해군과 순화군 두 왕자를 사로잡아 일본군에게 넘긴 반란군 국경인과 국세필을 교살하고 일본군을 격파, 주변 지역까지 크게 이기고 함경도에서 가등청정군

22 1565년~1640년, 강릉 최씨 최필달의 25세손이며 함경도 경성에서 태어났다. 28세 때 임진왜란이 발발하자 유생 신분으로 창의하여 정문부 장군을 도와 왜적을 무찌르는 데 일익을 담당했다. 사후 창렬사에 배향되었다.

을 몰아냈다.

이러한 승전보를 최배천이 의주 행소에 가서 선조대왕에게 북관대첩을 고하니 선조 임금은 눈물을 흘리며 감격하고 배천에게 조산대부 벼슬을 내리셨다. 이러한 공로가 묻혀진 가운데 백여 년 후 조정 조사단에 의해 이러한 사실이 밝혀지자 1665년 당시의 격전지 함경도 어랑리 무계호반에 사당을 짓고 나라에서 창렬이라 사액하여 역전의 용사 최배천·지달원·강문우·이붕수·정문부 등을 모시고 제사를 지내게 되었다.

서기 1700년 북평사 최창대가 관북 지방을 둘러보고 비석이 없는 것을 안타깝게 여겨 그곳 사람들과 상의, 승리의 비석을 세우기로 하고 최창대가 비문을 지었고 1709년 격전지인 임명에 북관대첩비를 세웠다.

1905년 노일전쟁 시 일본군 미요시 나리우기 사단장이 일본으로 무단약탈 궁내성에 진열하였다. 8·15 광복 후 그 행방을 모르던 중 이 비의 소재가 밝혀진 것은 1978년 동경 야스쿠니 신사에 경내에 옮겨져 있는 것을 최서면이 발견 본국에 알려왔다. 최근 북관대첩비 반환을 수차례 정부와 민간단체에서 요구하였으나 반환을 거절당하던 가운데 최배천 직계후손 대종회 고문 최옥자가 현지를 답사하고 대종회에 보고 복사판을 모실 것을 제의 일동 찬성하여 그 제작을 지원했다.

이 비석의 특징은 임진왜란 때 해전에서 이충무공의 한산대첩, 육전에서 권율 장군의 행주대첩 이월천의 연안대첩이 있으나 이들은 모두 관군의 힘이었다. 북관대첩비는 충성된 함경도 도민이 세운 승전비이다.

2003년 4월 29일 서울종친회 최선규 씀
북관대첩비선양회

7장

남으로 간 후손들

진주와의 인연

장군의 유언

　　장군의 창원부사 시절은 장군의 문중 역사에서 각별한 의미를 가진다. 첫째는 공무 여가 중 심심풀이로 지은 시로 인하여 훗날 비운의 죽음을 맞이한 것이다. 두 번째는 장군의 후손들이 진주에 정착하는 계기가 되었다는 점이다.

　　장군은 창원에 있을 당시 진주를 둘러보고 그 풍토의 순박하고 아름다움을 사랑했다. 그래서 두 아들에게 다시는 벼슬을 하지 말고 진주에 터전을 잡고 살라고 유언을 남겼다. 그리하여 두 아들은 상복을 입은 채로 처자들을 데리고 한 달 넘게 걸어서 남쪽 진주로 내려가게 된다. 장군은 수령으로 재임한 여러 지역과 비교해서 진주가 선현의 유풍이 잘 간직되어 있고 순박한 인심이 남아 있어 남다른 매력을 느꼈다. 그래서 간신들의 모함으로 죽는 마지막 순간에 두 아들에게 진주에 터를 잡아 산림 처사로서 가문의 명분을 지키고 학문의 대의를 추구할 것을 당부하였던 것이다.

　　장남 정대영도 창원의 부친을 뵈러 올 때 들렀던 진주가 빼어

정문부 평전

난 지리산이 가까이 있고 선대로부터 전해지던 농지도 있어 세상의 화를 피해 가법을 이어갈 만한 곳이라 여기고 마음에 두고 있었다. 그는 생원시에 합격하고 대과를 준비하던 당시 40세의 가장으로 일생일대의 낭패감을 안고 부인과 아들 4형제를 데리고 진주에 도착했다. 부인 숙인(淑人) 이씨는 선조의 조카 익성군 이형령의 따님으로 당시 36세였다. 정대영은 남하한 뒤 남명학파의 본거지라 할 수 있는 진주에서 남명학파의 학자들과 교류하고 경상우도의 명문가 집안들과의 혼인 등을 통해 진주의 대표적 명문가의 기틀을 마련하였다.

처음엔 비봉산 아래 봉곡동에 자리 잡았다가 후대에 진주의 까꼬실(진주 귀곡리) 마을에 터전을 잡게 되었고 훌륭한 후손들도 많이 나와 진주 지역에서 많은 업적을 남겼다. 후손들이 처음 정착한 진주의 까꼬실은 수몰되기 전 300년간 부촌으로 토지는 넓고 비옥하여 농사짓고 살기에 불편함이 없는 곳이었다. 특히 녹두섬의 고구마와 경호강·덕천강 두 강에 떼 지어 다니는 은어와 황어가 유명하였다. 까꼬실 마을은 경호강·덕천강 두 강이 동서로 만나서 로터리를 이룬 삼각주이다. 산과 강과 들을 겸비한 이 명당은 이제 진양호로 변했고 까꼬실은 수몰되어 사라졌다.

장남 정대영과 차남 정대륭, 장군의 동생 용강공 정문익 등은 처음에 비봉산 자락인 봉곡동과 옥봉동에 나누어 터를 잡았고 오늘날 해주 정씨 농포공파와 용강공파로 나뉘게 되었다. 이들은 진주시 귀곡동 100여 가구의 집성촌을 이루다가 남강댐이 건립된 후 집성촌 지역이 수몰되자 이반성면 용암리로 옮겨갔다.

의암(義巖)과 의기사적비

'의암'은 주변의 물이 깊고 소용돌이까지 치고 있어 위험스러운 바위라는 뜻의 '위암(危巖)'이라고도 불렀다. 전해져 내려오는 이야기에 따르면 논개의 원혼, 최경회·김천일의 원혼이 의암 주변에 떠돈다는 말이 있어 정문부 장군이 의암 주변을 탐문하였으며, 논개가 죽음으로써 남편의 원수를 갚았다 하여 의를 펼친 죽음이라는 뜻의 의암이라고 하였고 이때부터 의암으로 부르게 되었다. 훗날 차남 정대륭이 의암 벽면에 전서체로 의암이라는 글자를 새겼다. 이 돌 새김 글자로 『어우야담』 중 논개 이야기가 설득력을 갖추

진주 남강 의암 전경

논개가 왜장을 안고 남강에 뛰어든 의암. 정대륭이 쓴 전서체의 의암(義巖)이 바위 오른쪽 하단에 새겨져 있다. (출처: knag Byeong Kee)

었고 논개 순국의 장소적 가치를 획득하게 되었다.

의기 논개 사적을 기록한 비석으로 유몽인의 『어우야담』에 전해진 기록은 장군의 동생 용강공 정문익의 증손인 명암 정식(1683년~1746년)이 논개의 의기 행적을 입증하는 절대적 근거가 된 의암 사적비 비문을 쓰고 1722년(경종 2년)에 비석을 세운 것에서 나왔다고 한다. 1741년(영조 16년)에는 경상도 우병사 남덕하가 비각을 짓고 "의기논개지문(義妓論介之門)"이라는 현판을 세웠다. 의기 논개의 사적을 기록한 임진왜란 당시 진주성의 상황이나 논개의 순국 사적에 대한 기록이 남아 있다.

논개의 역사적 증명 작업과 현창 사업은 의리와 도덕을 중시한 장군의 가문 내력과 함께한다. 장군이 진주의 경관과 풍속을 진정으로 사랑했기 때문에 의기 논개의 기억이 재현되었던 것이다. 정

의기 사적비가 보관되어 있는 의기논개지문

대륭과 정식의 공적은 결코 우연히 생긴 일이 아니며 장군의 강직
한 충의 정신을 이어받아 내면화한 소산이다. 이 비각 속의 돌에
참으로 고풍스럽고 기량이 돋보이는 시 한 수가 새겨져 있다.

홀로 가파른 바위에
우뚝 선 여인이여
여인이 이 바위 아니었다면
어찌 순국의 장소 되었으랴
바위가 이 여인 아니었다면
어찌 의롭다는 소리를 띠랴

정문부 평전

한 줄기 강가 외딴 바위

만고에 꽃다운 이름이여[1]

---

1 하강진, 『진주성 촉석루의 숨은 내력』, 도서출판 경진, 2014.

진주성 전투를 노래하다

촉석루의 시

촉석루는 예로부터 평양의 부벽루, 밀양의 영남루와 함께 조선의 3대 누각으로 꼽힌다. 진주성 남쪽 남강 변 벼랑 위에 우뚝 솟아 있다. 1950년 누각이 소실되기 전까지 시판이 빼곡했으나 지금은 고려 시대의 정을보의 시를 제외하고는 촉석루의 수려한 경관이나 임진왜란의 뼈저린 체험에 관한 정서가 주조를 이룬 조선조의 정이오·박융·하연·김성일·강렴·정문부·한몽삼·강대수·하진·신유한·여동식의 시 11수가 현판으로 걸려 있다.

장군은 54세 때 창원부사 시절 진주에 들렀다가 의병장으로서의 남다른 감회로 진주성 전투를 읊었는데 그 시가 촉석루의 남쪽 벽면 좌측 첫 번째에 걸려 있다.

임진년 전란의 불길이 온 땅을 휩쓸어
느닷없이 입은 참화 이 성루가 제일 컸네
돌은 구를 수 없이 우뚝하게 솟았는데

정문부 평전

유등축제 중인 진주 촉석루 전경

1910년 촬영한 촉석루 내부. 대들보와 내벽에 시판들이 빼곡하다.
(출처: 국립진주박물관, 『사진으로 보는 진주의 옛모습』, p.37.)

촉석루에 걸려 있는 장군의 시 현판

강물은 무슨 마음으로 흐르고 있나

중수함에 신령이 사람과 함께 힘썼나니

허공에 치솟아 땅과 더불어 같이 뜬 듯

막부(幕府)[2]가 경영한 솜씨를 모름지기 알겠거늘

장려함은 한 고을에만 한정되지 않으리[3]

　　의병을 진두지휘하여 전장을 누비고 다닌 장군은 진주성에서 벌어진 전투를 익히 알고 있었을 것이다. 그래서 남다른 감회로 이 시를 지어 천험의 자연경관에 신령의 도움으로 중수된 촉석루가

2　사령부를 의미하는 동아시아의 전통적인 표현이다. 중국과 일본의 무신정권을 가리키는 말로 널리 쓰인다.
3　『국역 농포집』, 칠언율시, p.176.

하늘을 찌를 듯 주위를 압도하는 모습으로 그렸다. 장려한 누각은 우병사가 진주에서 선정을 베풀며 이룩한 대표적 업적이고 민심을 아우르는 그의 경영 철학은 다른 고을에서도 계속 실천될 것이라고 칭송하고 있다. 여기에서 우병사는 1년 전 촉석루를 중수한 남이흥(南以興)이다. 이 시의 중심적 의미는 병란 전의 문화경관을 회복한 우병사 남이흥의 공적에 대한 찬사다. 12편의 촉석루 현판 시 중에서 누각 중수 사실을 직접 반영한 작품으로는 유일하다.

일대장강 천추의열(一帶長江 千秋義烈)

촉석루 아래 성벽 사이로 암문을 통과하면 남강이 발아래로 펼쳐지고 좌측으로 의암이 보이면서 내리막 경사로 수직의 낭떠러지 암벽이 펼쳐져 있다. 여기에 "一帶長江 千秋義烈(일대장강 천추의열)"이라는 여덟 자의 대형 글씨가 새겨져 있다. "한 줄기 긴 강이 띠를 둘러 흐르고 진주의 의열은 천년의 세월을 흐르리라"라는 뜻이다.

암벽을 내려가면서는 볼 수 없고 강 반대편에서 절벽 가까이 가야 선명하게 보이기 때문에 일반적으로는 절벽에 이런 글씨가 새겨져 있다는 것을 잘 모르고 지나치는 경우가 많다. 이 글귀는 촉석루 현판 시도 남겼던 조은(釣隱) 한몽삼(1589년~1662년)이 쓴 것이라 한다.

조은 한몽삼은 불의와 타협하지 않은 강직한 성품의 소유자로 진주 지역에서 일찍부터 붓글씨의 대가로 알려져 있었다. 촉석루

의암 옆 암벽에 새겨진 글귀 "一帶長江 千秋義烈" (출처: 경남연합신문)

는 충혼이 넘치는 임란 현장이자 그 앞을 흐르는 한 줄기 남강처럼 의로운 기백은 천추에 빛나 후세들의 귀감이 되는 곳이다. 강개한 기상이 남달랐던 한몽삼은 이를 집약적으로 담은 명구를 지어 세상 사람들과 공유하고 싶었던 것이 아닌가 한다. 힘찬 붓글씨는 비장한 충절의 마음을 닮았고 필체의 웅혼한 기상은 남강에 꽃봉오리처럼 몸을 날린 수많은 충신·의사들과 왜적을 껴안고 강물 속으로 뛰어내린 의기 논개를 연상하게 한다. 촉석루를 방문할 기회가 되면 정문부 장군의 시와 함께 "일대장강 천추의열"의 명구를 보며 나라를 생각하는 의로운 마음을 다시 한번 새겨보기를 기대한다.

정문부 평전

장군의 가슴 아픈 사연이 서린 진주

충의사(忠義祠)

진주는 장군의 고향도 아니고 그분이 활동하시던 지역도 아니며 그렇다고 장군의 묘소가 있는 것도 아니다. 이처럼 별다른 연이 없어 보이는 진주에 장군의 사당이 있고 북관대첩비의 복제비가 있는 까닭은 무엇일까? 장군의 불운하고도 가슴 아픈 최후와 관련이 있기 때문이다. 이순신 장군은 선조와 악연이 있었고, 정문부 장군은 전쟁이 끝난 뒤에도 살아남아 인조와 악연이 있었다. 그래서 두 분의 불행은 유사한 점이 있다.

처음에 까꼬실(귀곡동)에는 종가와 부조묘 사당이 있었는데 1970년 가호서원을 세우면서 당시 박정희 대통령으로부터 '충의사'라는 한글 편액을 받았다. 많은 의병장 가운데 가장 혁혁한 전공을 세운 "북충의 남충무"로 일컬어지는 충의공 농포 정문부 장군의 사당은 함경도의 창렬사·현충사·청암사(일명 숭렬사)와 후손들이 거주하고 있는 진주의 충의사 그리고 장군의 묘소가 있는 의정부의 충덕사이다. 충의사는 1980년 대대적인 보수공사를 거치고 그 후 1995년 남강댐 수위 상승 공사로 인하여 귀곡동 255번지에서 현재의 이반성면 용암리로 이전 확장하였다. 용암리는 장군의 둘째 아들 정대륭의 후손들이 터를 잡은 집성촌이다. 경내에는 가호서원·장판각·사적비·북관대첩비 복제비·유물 전시관 등이 있다.

진주시 이반성면 용암 마을 충의사 전경

충의사

정문부 평전

가호서원

가호서원(佳湖書院)·장판각·북관대첩비 복제비

정문부 장군은 의병장으로서 혁혁한 전공을 세웠을 뿐만 아니라 원래 문과에 장원급제하고 문장과 시에 뛰어난 학자로서 『농포집』을 남겨 전국 유림의 동의를 얻어 농포공을 제향하고 강학을 하는 서원을 세웠다. 가호서원(佳湖書院)에는 충의공 농포 정문부 장군의 위패가 봉안되어 있다. 매년 음력 3월 13일에 유림들이 모여 향례를 올린다.

장판각에는 장군의 문집인 『농포집』 목판을 보관하고 있다.

장판각 내부

▲ 『농포집』 목판. 경남 유형문화재 567호
◀ 북관대첩비 복제본

경상남도와 진주시가 원래의 비를 복원하여 2012년 11월 23일
에 세운 복제비다.

충의공 농포 정문부 선생 사적비

농포 정문부 선생 사적비 뒷면에는 다음과 같이 적혀 있다.

정문부 평전

세상에 적은 공으로 상을 받는 이도 있으되 큰 공을 세우고도 대가를 받지 못할 뿐 아니라 도리어 박해로 슬픈 최후를 마친 이가 계시니 문부 겸전한 농포 정문부 선생이 바로 그이시다. 공은 일찍 명종 20년 2월 19일에 나시어 27세에 함경북도 병마평사에 임명되어 나가 이듬해 28세 때에 임진란을 만났던 것이다. 그때 내란을 일으킨 반역자들을 소탕하는 한편 북으로 쳐들어간 억센 왜적들과도 싸워야 했고 또 틈을 타 침구하는 오랑캐들까지 무찔렀었다. 황막한 변방에 깃발을 꽂고 바람같이 달리면서 같은 때에 한 칼을 들고 삼중전투를 감행하여 모두 대승첩을 거두었으니 어찌 그리 장하던고.

임진란이 끝나고 광해군 시대에는 숨어 살다가 인조 때 원수의 지위에 추천되기까지 하였으나 어머님을 봉양하기 위해 전주부윤으로 나갔더니 일찍 역사를 읊는 시 한 장으로 모함을 입어 옥에 갇히어 모진 고문 아래서 숨을 거두시니 인조 2년 11월 19일이었고 향년 60세, 원통한 공의 죽음을 무슨 말로 위로할 것이랴. 몸은 그같이 가셨지마는 공로는 숨길 수 없어 숙종 때 충의의 시호를 내려 보답해 드렸었다. 농포 정공이야말로 국경 수호의 3대 영웅이라 정부는 후손 세거지인 이곳에 사당을 중건하고 공을 추모하며 공의 행적을 적어 비를 세운다.

1980년 3월 노산 이은상 짓고 고천 배재식 쓰다[4]

---

4   가호서원 충의사 홈페이지.

정문부 장군의 칼과 의복: 장군의 칼은 독립기념관 전시관에 전시되어 있고 의복은 독립기념관 수장고에 보관 중이다. (출처: 독립기념관 제공)

유물전시관에는 장군의 공적을 유물·그림·도표·모형·영상으로 전시하고 관복과 장검은 천안 독립기념관에 전시되고 있어 이곳에는 모조품이 전시되고 있다.

정문부 평전

삼효각

용암 마을 입구에는 장군의 후손으로 대를 이어 지극한 효를
실천 하여 해주 정씨 가문을 명문가로 드높인 후손 3분을 모신 삼
효각(三孝閣)이 있다.

충의사 옆에 장군의 아우인 용강공 정문익과 두 아들 집의공 정
대영과 승지공 정대륭 세분의 덕을 기리기 위해 1997년 후손들의

삼덕재

가호서원 충의사 묘정비

성금으로 세운 삼덕재(三德齋)가 있다.

2018년 12월에는 허권수 경상대 명예교수가 비문을 짓고 죽헌 정문장 서예가가 글을 쓰고 진주시의 도움으로 가호서원 충의사 묘정비를 세웠다.

역사상 유례가 없는 참혹한 7년 대전란인 임진왜란 때 조선이 망하지 않은 3가지 요소가 있는데 그 가운데 하나는 의병의 활동이다. 많은 의병장 가운데 가장 혁혁한 전공을 세운 인물이 바로 '북충의 남충무'로 일컬어지는 충의공 농포 정문부 선생이다. 선생은 문부 겸전한 걸출한 인물로 왜적의 손에 거의 망해가는 나라를 구출한 위대한 전공을 천추에 남겼으니, 우리 후인들은 선생의 위국충절을 길이 흠앙하면서 역사상의 훌륭한 스승으로 삼아 배워야 하겠다.

서원은 본래 학덕이 있는 선현들을 존숭하는 곳이다. 선생을 모신 사당 네 곳이 모두 함경도에 있고, 남한 지역에는 선생을 향사하는 곳이 없었다. 위대한 선생에 대한 전례가 이래서는 안 된다는 여론이 세차게 일어나자, 선생의 종손 규섭과 후손 구석 등이 유림과 후손들의 역량을 규합하여 마침내 후손들이 세거하는 진주 귀곡에 가호서원과 충의사를 창건하였다. 사액은 박정희 대통령 친필이다. 1997년 남강댐 숭상 공사로 현재의 용암리로 이전 확장하였다. 이때 대종친회의 도움과 후손 한재의 역할이 컸다. 후에 장판각·유물관을 건립하였고, 2013년에는 북관대첩비 이모비와 국역비도 세웠다.

…〈중략〉…

선생의 전공을 기록한 북관대첩비를 1905년 일본군이 강탈하여 동경 야스쿠니 신사에 둔 것을 2005년 환수하였다. 북한은 함경도 길주군 임명면 본래의 위치에 비를 복원하여 국보로 지정하였고, 남한은 그 이모비를 경복궁·독립기념관·송산 묘소·충의사에 건립하였다. 선생은 시문에 능하여 많은 글을 지었으나, 전란으로 거의 없어지고 시와 장계 등만 남아 있는데 『농포집』으로 몇 번 간행되었다. 두 아들은 장례를 마치자 선생의 유언에 따라 진주로 내려와 살게 되었다. 이후 자손들이 진주 사람이 되어 번성하여 많은 인물이 나왔다. 13대 장손 규섭은 독립운동에 공헌하여 유공자가 되었다.

가호서원은 오래되지 않았으나, 그 명성과 공적에 힘입어 전국적으로 알려졌다. 14대 종손 기민이 논어학교를 개설하여 전통문화를 계승하는 등 서원의 모범이 되고 있다. 여러 유림이나 후손들의 중론이 농포 선생의 사상과 행적 그리고 서원의 역사를 담은 묘정비가 갖추어져야 한다고 하였다. 이에 서원의 심동섭 원임과 기민 종손이 불초를 찾아와 청문하기에 크게 사양하지 않고 글을 지어 뒤어 명을 붙인다.

위대한 농포 선생 문무를 겸전했네 나라에 한 몸 바쳐

창의에 앞장섰네

충의에 바탕하여 왜적을 섬멸하여 함경도 수복하니

나라가 소복(蘇復)됐네

친자식 보살피듯 백성을 사랑했네 목민관 모범 되어

유애비 세워졌네

북인이 발호할 때 바른길 걸었나니 반정 후 원수 추천

효성에 외직 자원 시문에 뛰어나고 학문도 깊었다네

경학과 예학으로 한강(寒岡)[5]이 칭허(稱許)[6]했네

구국의 수훈에게 반역죄 무슨 말인가?

간당의 악랄한 짓 원통타 옥사라니

두 아들 유언 따라 진주에 정착했네

후손이 창성하여 원통함 풀었다네

유림과 후손들이 흠숭(欽崇)할 곳이 없어 서원을 창설하여

가호라 이름했네

서원의 설립 목적 첫째가 존현양사(尊賢養士) 현세에 적응하여

---

5   조선 중기의 문신이며 의병장인 정구(鄭逑)의 호.
6   칭찬하고 인정한다는 뜻.

전국에 모범이라

선생의 구국정신 잘 배워 다시 살려 위대한

한민족이 세계에 앞서가리[7]

---

7 http://www.cfnews.kr/news.aspx/19067

면면히 이어지는 장군의 뜻

임진년 계사 순의비

임진년 계사 순의비는 1592년 임진년 10월 3,800명 군사로 6일간의 혈전에서 일본군 2만 명을 물리친 임진왜란 3대첩의 하나인 김시민 장군의 진주대첩과 다음 해인 계사년 6월 9일간의 2차 진주성 전투에서 장렬한 최후를 마친 7만여 민관군의 충절을 이어받고 그 뜻을 기리기 위해 격전지 진주성 중앙에 세운 추모 제단이다. 비문의 글씨는 장군의 14세손인 죽헌 정문장(鄭文丈)의 작

임진년 계사 순의비

정문부 평전

품이다. 그리고 진주 향교의 건축물의 기문도 당대의 학자가 쓰는 기문 중 3편을 장군의 4세손 정상호·정상열, 9세손 정세교 등이 썼다.

경남 산청의 명덕사(明德祠)

명덕사는 장군의 동생인 용강공 정문익의 증손이고 진주 촉석루 중수기와 의암사적 비문을 쓴 명암 정식 공을 주향으로 하고 장군의 9대손 정규원 공을 배향한 사당이다. 정규원 공은 영남우도 유림을 대표하던 정의로운 선비정신으로 존경을 받았던 인물이다.

진주 이반성면 용암사

신라말 풍수음양설로 잘 알려진 도선국사는 "삼암사를 창건하면 삼한이 합쳐져 일국이 되고 자연히 전쟁이 종식된다"는 비기를 지리산 성모천왕으로부터 받고 순천 조계산 선암사, 광양 백계산 운암사, 진주 영봉산 용암사를 창건하였다.

특히 용암사는 절집이 백 칸이나 되고 대장경 인영본 600상자를 대장전에 봉안할 정도로 큰 절이었다. 그러나 1,000여 년이 지난 오늘날 선암사와 운암사는 아직도 절이 건재하고 있지만 영봉산 용암사는 흔적도 없이 사라지고 없다. 2차 진주성 전투 후 철수하던 일본군들이 계곡으로 흘러내리던 대량의 쌀뜨물을 발견하고 절을 침입하여 약탈하고 이후 조선의 숭유 배불 정책으로 절은 파괴되었다고 한다. 절터는 용암 마을과 넓은 밭으로 변해 있다.

지금의 충의사 경내가 용암사 대웅전 터로 추정된다. 절터에서 400미터 떨어진 암자 터에는 용암사지 승탑(부도), 용암사지 석불좌상, 용암사지 비석 귀부 및 이수 5층 망배탑 기단과 석등 등이 남아 있어 번창했던 용암사의 옛날을 말해주고 있다.

이 절터들이 정문부 장군 후손

▶용암사지 승탑
▼용암사지 석불좌상

들의 세거지가 되면서 해주 정씨 문중 소유가 되었다. 이 암자 터에 장군의 『농포집』 장경각이 있는데 지금은 내부는 비어 있고 목판은 충의사 경내로 옮겨져 있다.

지금은 해주 정씨 문중의 정순태 씨가 홀로 이곳에 몇 년째 기거하면서 용암사를 복원하기 위해 고군분투중이다.

용암사지 비석 귀부 및 이수

용암사지 5층 망배탑 기단과 석등

「농포집」 장경각

정문부 장군 문중 고문서(경남 유형문화재 615호)

경남 진주에 터를 잡은 해주 정씨 집안의 가계 내력, 경제 상황, 사회 활동 등을 기록한 문서 123점이 경남 유형문화재 615호로 지정되었다. 무고로 감옥에 갇힌 부친을 위해 지극한 노력을 기울인 장군의 8세손인 정가인의 효행을 표창해줄 것을 지역 유지가 진주목사와 암행어사에게 건의하는 내용과 과거 시험 답안지 등이 포함된다. 이 귀중한 자료를 통해 18~19세기 경남 지역 양반 가문의 구체적 생활상을 파악할 수 있다.

덕동 문화 마을

포항시 기북면 소재 덕동 문화 마을은 옛날부터 제철과 연관된

정문부 장군 문중 고문서. 진주 국립경상대학교에 소장되어 있다. (출처: 연합뉴스)

철물 기구와 무기 생산 공장들이 있었던 곳으로 사의당(四宜唐) 이 강(李壃)의 후손들이 400여 년간 집성촌을 이루어 사는 마을이다. 이곳은 장군의 아버지인 판서공 정신과 장군 형제분들의 임진왜 란 피난처였다.

천혜의 자연조건과 독특한 문화를 평가받아 1992년 정부로부 터 문화재 지정 문화 마을로 선정되었다. 이곳은 정문부 장군의 후손들이 임진왜란 후 진주로 돌아가면서 재산 모두를 장군의 손 녀사위인 이강에게 준 것을 계기로 터를 잡게 되었다.

명종 원년(1564년)에 건립된 용계정은 정문부 장군의 별장으로 쓰였고 1690년과 1778년에 중수하였다. 고종 5년(1868년)에 서원 철 폐 시에 용계정을 세덕사와 분리하기 위해 밤새도록 담을 쌓은 덕 에 세덕사만 철폐되고 용계정은 화를 면했다. 지금은 세덕사가 있

포항 용계정 전경 (출처: 국가유산청)

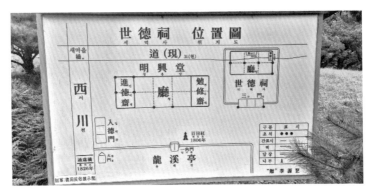

세덕사 배치도

던 곳에 세덕사의 배치도가 표지판으로 남아 있다.

　애은당 고택은 장군의 가족들이 임진왜란 때 피난처로 사용했던 가옥이다. 이 건물이 위치한 지형은 거북형으로 거북 앞발 위치에 각각 별당과 방앗간을, 머리 부분에는 잠실이, 꼬리 부분에는 화장실이 있다.

애은당 고택

여연당 고택

　여연당 고택은 장군이 임진왜란 후 손녀사위인 이강에게 양도한 가옥이다. 이강은 당시 차남인 덕령에게 물려주어 현재에 이르고 있다. 이곳에는 실제 사람이 거주하면서 현재에도 사용하고 있다. 현재 거주자인 이원돌은 이강의 후손이다.

　사우정 고택은 장군의 할아버지인 정언각이 청송부사로 있을

사우정 고택

때 지은 집이다. 전쟁이 끝난 뒤 진주로 돌아가면서 장군의 손녀사
위인 이강에게 이 집을 물려주었다. 그 후손인 이헌순이 자신의 호
를 따서 사우정이란 집 이름을 붙였다. 조선 시대 사대부 집의 생
활 모습을 잘 나타내고 있는 귀중한 유적이다.

이 외에도 덕동 문화 마을에는 20세기 중엽 사회 변화에 따른
민가의 변화 과정을 잘 보여주고 있는 오덕리 근대 한옥과 덕계서
당 등의 건물이 잘 보존되어 있다.

장군의 뜻을 이어받는 후손들
정태석 선생은 진주 까꼬실 출신으로 장군의 11세손이다.
1909년 국채보상운동에 참여했으며 독립군 군자금을 제공했다.

진주보통학교 설립 추진 발기 시에도 기부했다. 소작농에 대한 지원과 후학 양성에 힘썼으며, 신간회 발기인, 진주성 내 창렬사 중건회장 등을 맡아 훌륭한 업적을 남긴 인물이다. 그가 어진 마음과 사랑으로 베푼 은덕을 기리기 위해 사천시 곤양면 흥사리에 지역에서 '청덕인애비'를 세웠다.

가호서원에는 정문부 장군과 함께 독립유공자 정규섭 선생의 위패도 모셔져 있는데, 정규섭 선생은 1928년생으로 진주중학교 재학 중 독서 동아리 광명회를 조직하여 우리나라 역사를 공부하고 토론하면서 일제에 저항하고 투쟁하기를 결의하여, 1944년 진주중학교 학생들과 함께 진해비행장 건설 공사에 강제 노역하면서 독립군의 활약상을 전파하는 등 민족의식 고취에 힘쓰다 동지들과 일본 헌병대에 체포되고 부산형무소에 투옥돼 옥고를 치렀다. 2010년도에 대통령 표창을 서훈 받았다. 정규섭 선생은 농포 정문부 장군의 13대 장손이다.

정규섭 선생의 아들 정기민 씨는 1970년 진주 향교 사람들의 공의를 모아 가호서원을 설립하고 진주시민을 위한 가을 달빛 음악회, 논어학교 등 다양한 활동을 하고 있다.

진주에 터를 잡은 장군의 후손들은 조선 시대에는 많은 문과 급제자를 내고 오늘날에도 훌륭한 인물들을 배출하여 정문부 장군의 위대한 업적을 계승하는 명문거족으로 자리 잡고 있다.

최근에는 해주정씨대종친회(정기승 31대 회장)를 중심으로 2022년 국회의원회관에서 '구국의 별 정문부' 임란 영웅 사진 기획 전시회와 세미나를 개최하였고 '불패의 명장'이신 정문부 장군의

공적을 국민에게 알리는 '역사 바로 세우기 사업'도 추진하면서 의
정부시와 함께 충의 예술제도 2022년과 2023년에 개최하였다.

장군의 생애에 대한 평전을 마치면서

　장군은 삼중의 어려운 조건 아래 의병 궐기를 하였던 분이다. 첫 번째로, 주적은 침략 왜군이었으나 왜적과의 전투에 앞서 조국을 배반하고 침략 왜군에 부역하는 동포 반민을 먼저 소탕하여야 하는 문제를 안고 있었다. 다른 지역에서의 의병 궐기는 그 지역민의 총체적 지지와 협력을 얻어 의병 투쟁을 전개할 수 있었으나 장군의 경우 반역 무리이기는 하나 동족을 먼저 처리하여야 하는 아픔을 견뎌내야 했다.

　두 번째로는 함북의 북관 6진은 오랑캐들이 항상 재침의 기회를 노리는 땅이다. 그래서 두만강 건너 오랑캐가 두만강 남쪽의 혼란을 틈타 남침하지 못하도록 대비하고 억제하였다.

　1970년 이은상 선생은 『농포집』 서문에서 임진란 전체 역사를 통해서 다른 이에게는 찾아볼 수 없고 특이한 행적과 공적을 이뤄 실로 그 짝을 찾기 어려운 큰 공을 세우고도 오히려 억울한 최후를 마친 비운의 주인공이라고 말하고 있다.

　또한 국사편찬위원회 위원장이었던 이원순 님은 『농포집』 서문에서 충의공은 우리 민족이 왜란의 국난을 겪을 당시 전국 각지에서 궐기하여 싸운 여러 의병장 가운데에서도 백미의 존재라고 언급하였다. 북한 측 자료에는 임진왜란 당시 군국의 의병장이며 북에는 정문부, 남에는 곽재우가 있다고 하여 임진왜란 3대첩에 북관대첩을 포함하여 언급하고 있다. 그리고 일본의 학자들도 조선의 의병장 중 정문부 장군의 전과가 가장 컸다고 기록하고 있다.

충의공의 의병 투쟁은 남으로부터 압박을 가하는 침략 왜군에 대한 전쟁과 안으로 왜군에 부역하는 반군 세력과 북에서 남침의 기회를 엿보고 있는 여진족도 상대해야 하는 삼중고의 악재 속에 진행되었다. 이것이 타 지역 의병 전쟁과 다른 특징적인 점이며 장군의 위대함을 엿볼 수 있는 부분이라고 생각한다.

세 번째로 타 지역의 의병 활동은 왜군 점령지라도 확고한 토착 기반을 갖춘 유림 세력이 있어 지역 행정력이 어느 정도 유지되고 있었으나 반군 세력에 의해 행정이 난맥에 빠진 지역에서 오합지졸과 같은 민초들을 규합하고 그들의 충성으로 승리를 거둔 전쟁으로 타 지방 의병 운동과 명확히 다르다는 것을 언급할 수 있다.

네 번째로 장군은 임지에서 학문을 전수하고 덕행을 펼침으로써 비록 중앙에서 파견된 외지인 관료이지만 북관민들의 추앙을 받아 교생·유림·일부 수령들의 일치된 추대로 의병 대장이 되었다. 전국에서 궐기한 대부분의 의병장은 지방에 기거한 명망 있는 유림 출신이거나 토착 세력의 기반하에 궐기한 전직 관료 등 그 지역에 뿌리가 있는 인사들이었던 점에서 장군과는 다르다.

다섯 번째로, 침략 왜군을 관북 땅에서 몰아낸 후 관북 여러 고을의 수령을 역임하여 애민의 목민관으로서 활약하였다는 것이다. 장군은 전란에 시달린 민초들을 위로하고 무너진 행정 질서를 다시 세우는 일에 헌신하였다. 이 점에서 전국 여러 곳에서 궐기한 의병장들과는 사뭇 다른 면모를 보인 특징을 찾을 수 있다.

정문부 장군은 북한에서는 임진왜란 의병장으로 유명하지만, 남한에서는 교과서에 몇 줄 정도의 설명에 그치고 있는 것 같다. 박정희 대통령은 '북충의 남충무(北忠毅 南忠武)'라고 할 정도로 정문부 장군의 공을 크게 기리고 치하했다. 임진왜란에서 해상전과 육지전에서 전란을 제압하는 데 가장 큰 공을 세운 대표적인 전투로 '관군에서는 이순신, 민간군에서는 정문부'를 손꼽고 있다.

현재의 시점에서 1등 선무공신을 뽑는다면 당연히 맨 먼저 이순신 장군이지만 두 번째로는 정문부 장군이고 세 번째로는 권율·김시민 장군 중 한 분이 아닐까 한다.

임진왜란 당시 함경도에서 정문부 장군과 의병들이 혁혁한 전공을 세운 5개월간의 전투(1592년 9 ~1593년 2월)에서 연전연승으로 북관 지역을 수복한 이야기와 북관대첩비의 비화는 만화나 이야기책으로도 나오고 억울하게 박홍구 역모 사건에 연루되어 무고된 일이나 〈초회왕〉 시로 인해 비통한 죽음을 맞이한 것이 드라마나 영화의 좋은 소재로 되기를 바란다. 그래서 장군의 위대한 일생이 오늘날 널리 알려지길 기대한다. 또한 장군의 곧은 기상과 충직한 마음이 후손들에게 큰 역사적 교훈이 되기를 다시 한번 기원한다.

조선국 함경도 임명 대첩비명

최창대 지음

옛날 임진란에 힘써 싸워 적을 깨뜨려 일세를 크게 울린 이로 해전에서는 이 충무의 한산대첩이 있고 육전에서는 권 원수의 행주대첩이 있으며 이 월천의 연안(延安)대첩이 있어, 역사가가 그것을 기록하였고 이야기하는 이들이 칭송하여 마지않았다.

그러나 이것은 오히려 지위가 있어 말과 부역과 군졸들을 낼 수 있음에 힘입은 것이다. 고단하고 미약한 데서 일어나 도망하여 숨은 무리들을 분발시켜 충의로써 서로 격려하여 마침내 오합지졸을 써서 완전한 승첩을 거두어 한 방면을 수복한 것은 관북의 군사가 그중 으뜸이라 할 것이다.

처음 만력(萬歷)[1] 중에 왜의 추장 수길(도요토미 히데요시)이 강한 군사들을 믿고 거만하게 중국을 침범하고자 엿보다가 우리가 길을 빌려주지 않음을 성내어, 드디어 크게 쳐들어와 서울에까지 이

---

1   중국 명나라 말기 신종황제 때의 연호로 1573년부터 1619년까지이다.

르렀다.

선조는 이미 서쪽으로 거동하였고, 모든 고을이 무너졌으며, 적은 이미 경기도를 함락시키고 장수 두 사람이 군사를 두 길로 나누니 행장(고니시 유키나가)은 행조(行朝)를 뒤쫓아 서쪽으로 가고 청정(가토 기요마사)은 북방을 침공하였다.

그해 가을에 청정이 북도에 들어갔는데 적의 정예군대가 매우 강했기 때문에 철령(鐵嶺) 이북의 성은 지키지 못했다.

이때에 국경인 등이 반역하여 적에게 내응하였다. 경인은 회령부의 아전으로 본성이 악하여 순종하지 아니하더니 적이 부령(富寧)에 이르자 그 위기를 타고 난을 일으켜 피난해온 두 왕자와 대신을 잡고 장수와 관리들을 묶어 적에게 주고 정성을 보였으며 경성 아전 국세필은 그의 숙부요, 명천(明川) 사람 말수(末秀), 목남(木男)과 서로 무리를 지어 적이 주는 관작을 받아 각각 고을을 점거하고 성세를 벌여 죽이고 위협하기를 그의 지령대로 하니, 여러 고을이 무너지고 겁내어 백성들이 스스로 보전하지 못했었다.

경성 이붕수(李鵬壽)는 의기 있는 선비라, 분개하여 말하되 "비록 국가의 어지러움이 이에 이르렀으나, 흉도가 감히 저렇게 할 수 있겠는가?" 하고 최배천(崔配天)·지달원(池達源)·강문우(姜文佑) 등과 함께 의병 일으키기를 꾀했는데 여러 사람의 지위가 서로 비슷하여 장수 삼을 이가 마땅치 않았다.

평사 정문부는 문무의 재주는 있으나 군사가 없어 싸울 수 없으므로 몸을 빼 산골에 숨어 있던 중 의병을 일으킨다는 소문을 듣고 즐거이 좇았던 바, 마침내 정공을 추대하여 주장을 삼고 종성부사 정현룡과 경원부사 오응태 등을 차장으로 삼고 피로써 맹세하며 의병을 모집하여 100여 명을 얻었다.

그때 북쪽 오랑캐들이 또 북쪽 변방을 침범하므로 여러 장수들이 사람(최배천을 말함)을 시켜 세필을 달래어 같이 힘을 합하여 오랑캐들을 막자 하니 세필이 허락하고 의병들을 성안으로 받아들였다. 이튿날 아침 정 공이 기와 북을 세우고, 남문으로 올라오도록 꾀어 그가 현실할 때에 문우가 그를 사로잡아 목을 베어 조리돌리고, 그의 위협에 못 이겨 따른 자들은 놓아주었다.

그리고 곧 군사를 이끌고 명천으로 가서 말수 등을 잡아 목 베었고 회령 사람이 또한 경인을 쳐서 목 베어 의병에게 호응하니 군세가 점점 커지고 따라와 붙는 자가 더욱 많아졌으며, 길주 사람 허진·김국신·허대성이 또한 군사를 모아 성원하였다.

이때에 청정이 편장(偏將)으로 하여금 정병 수천 명을 거느리고 길주에 웅거케 하고 자신은 대군을 거느리고 남관(南關, 지금의 안변)에 진을 쳐 호응하고 있었다.

11월에 적을 가파리(加坡里)에서 만나 싸우려는데 정공은 여러 장수들을 배치하되 현룡은 중위장을 삼아 백탑에 진을 치고, 오응태·원충서는 복병장을 삼아 석성과 모회로 나누어 진를 치고, 한인제는 좌위장을 삼아 목책에 진을 치고, 유경천은 우위장을 삼아 날하에 진을 치고, 김국신·허진은 좌우 척후장을 삼아 임명과 방치로 나누어 진을 치게 했는데 적들은 여러 번 이긴 끝이라 방비를 허술하게 했다.

우리 군사들은 모두 함께 일어나 불의에 공격하여 기운을 얻어

밀고 나갔는데 고함치며 앞서 나가지 않는 군사가 없으니 적이 패하여 달아났는데, 군사를 풀어 추격하여 그 장수 5명을 죽이고 목을 수없이 베었으며, 그 말과 무기들을 모조리 빼앗았다.

그래서 원근이 진동하여 장수·관리들로 도망치고 숨어 있었던 자들이 다투어 일어나 호응하니 무리들이 7,000명에 이르렀으며, 적은 마침내 길주성으로 들어가 움츠리고 감히 발동하지 못했는데 길옆에 복병을 두어 나오기만 하면 무찔러 버렸다.

이윽고 성진의 적이 임명을 크게 침략하므로 정예한 기병들을 이끌고 습격했으며, 산에 매복했다가 적이 돌아오기를 기다려 협공하여 크게 깨뜨리고 또 수백 명을 목 베고 마침내 그 배를 갈라 창자를 행길가에 늘어놓자 군사의 형세가 크게 떨치고 적은 더욱 두려워하였다.

12월에 또 쌍포에서 싸웠는데 싸움이 한창 어울리자 편장이 철기를 끌고 가로 찌르기를 풍우 같이 빨리하니 적이 세력을 잃어 맞서 보지도 못하고 모두 흩어져 달아나므로 이긴 기세를 타고 또 깨뜨렸다.

이듬해 정월에 단천에서 싸웠는데, 세 번 싸워 세 번 이기고 돌아와 길주에 진을 치고 군사들을 쉬게 하자, 청정이 불리함을 알고 큰 군대를 보내어 길주의 적을 맞아 돌아오게 하므로 우리 군사들은 그 뒤를 쳐서 백탑에 이르러 크게 싸워 또 깨뜨렸으며, 이 전쟁에서 이붕수·허대성·이희당은 전사했으나, 적은 마침내 물러가 다시는 감히 북쪽으로 올라오지 못했다.

이때에 명나라 장수 이여송도 또한 행장을 평양에서 깨뜨렸는데, 정 공이 최배천을 시켜 샛길로 행재에 승첩을 아뢰니, 임금이 불러보고 눈물을 흘리며 봉수에게 사헌부 감찰을 증직하고, 배천에게는 조산대부의 계급을 내렸다.

그때 관찰사 윤탁연이 문부가 절도사에게 아뢰지 않았음을 성내며 의병의 공적이 자기보다 뛰어남을 시기하여 임금께 공로를 숨기고 거짓말로 아뢰었기 때문에 공에게는 포상이 시행되지 않았다.

오랜 뒤 현종 때에 관찰사 민정중과 북평사 이단하가 부로(父老)들에게서 듣고 사실을 아뢰어 비로소 문부에게는 찬성, 봉수에게는 지평을 증직하고 남은 사람들에게도 차등 있게 관작을 내렸으며, 또 사당을 경성 어랑리에 세워 당시 같이 일한 여러 사람들을 제사케 하고 창렬이라 사액했다.

지금 임금 경진년(숙종 26년, 1700년)에 창대(昌大)가 북평사가 되어 의병의 자손들과 함께 연고지를 방문하여, 사직을 자세히 얻어 개연히 제공의 기풍을 상상도 하고 또 이른바 임명 쌍포를 찾아 진 치고 싸우던 자리를 거닐고 돌아보며 탄식하며 떠나지 못하였다.

그리고 부로에게 말하되 "섬 오랑캐의 전화가 몹시 심하여 3경(한양·개성·평양)이 함락되고 팔도가 무너졌는데, 이분들은 죽음을 걸고 외로운 군사를 이끌고서 억센 도적을 무찔러 우리나라의 발상한 옛 땅으로 하여금 마침내 오랑캐 땅이 되는 것을 면하게 했으며, 변방 사람들이 소문을 듣고 일어나 충의를 서로 권하게 된 것이 그 또한 누구의 힘이더냐? 행주 연안에는 모두 비갈(碑碣)이 있어 사적을 적어 공렬을 나타내었으므로 동서로 오가는 이들이 우러러보고 몸을 굽히거니와 관북의 거룩한 공로를 가지고도 비갈 하나가 없으니 어찌 제군의 수치가 아니겠는가?" 하니 모두 대답하되 "그렇소. 그것은 우리들의 뜻이기도 한데 하물며 공의 명령까지 있음이겠소" 하며 마침내 돌을 다듬고 재물을 모으고 사람을 시켜 글을 청하건마는 나는 적임자가 아니므로 사양했더니 다시 와서 말하되 "이 일은 공이 실로 발의한 사람이니 허락해주지 않으면 일을 철폐하겠소." 하므로, 나는 마침내 그의 사적을 서술하고 새긴다.

남쪽에서 도적이 와 명나라를 치려 드니
우리는 이웃이 되어 온 나라가 화 입었네
높고 높다 북방이여 오랑캐 소굴 되니
어리석은 백성들이 저항 없이 따르도다
피 머금은 입으로 흉한 독을 뿜을 적에
씩씩하다 우리 군사 뭇호걸 헌걸차다
군사란 정의가 제일, 창과 활이 부질없어
반역자 무찌르니 저 도적 못 덤비네
병정들 북을 치니 산이 무너지듯 바다가 끓듯
우리 군사 빛난 전술 흉한 적들 무너지네
천벌을 내리게 함 사사(私事) 아닌 충성 때문이거니
북쪽 땅 평정되어 누에 치고 농사 짓네
임금은 감탄하며 누가 그대의 공보다 더하겠느냐?

벼슬 주고 사액하니 한결같은 은혜로다

선비 기풍 열렬하니 백성들도 용감하고

임명 바닷가에 우뚝한 돌이 있어

찬송을 거기 새겨 영원토록 보이노라

숭정(崇禎)² 갑신 뒤 65년 10월 일 삼가 지음

2　숭정은 명나라 마지막 황제 의종 때의 연호로 1628년부터 1644년까지이다. 숭정 '갑신후육십오년(崇禎甲申後六十五年)'은 숭정이란 연호를 쓰기 시작해서 처음 도래되는 갑신년이 1644년이므로 이때부터 65년째라는 의미이다. 따라서 숭정갑신후육십오 년은 1644+65=1709년(숙종 34년)이다. 이처럼 조선의 지배층은 명나라가 멸망한 후 에도 시문을 짓거나 묘비를 세워 연대를 표시할 때 청나라의 연호를 거부하고 어김 없이 숭정 연호를 사용하였다. 그 이유는 임진왜란 때 명나라가 우리를 도와준 것에 대한 감사의 뜻도 있지만, 병자호란 때부터 자주 있었던 청나라의 굴욕적인 억압에 대한 반발이 작용한 것도 있다.

정문부 평전

함경도 창의토왜(倡義討倭) 격문

(의병을 일으켜 왜적을 치자고 함경도 각 읍 수령들과 백성들을 효유하는 격문)

대개 듣건데 충신은 몸을 바쳐 임금께 보답하고, 지사는 때를 보아 공을 도모한다 하거니, 성조의 신민을 보라. 누가 어지러운 오늘 충성을 다할꼬. 생각건데 나라를 세운 지 이백 년이요, 보위를 전하기 열 한 님이라. 어진 임금이 많아 대대로 덕을 잃음이 없었고, 문교를 숭상하여 사람들이 전쟁을 알지 못하니, 예악은 빛나고 무기는 쓸 곳 없었거늘 어찌 뜻하였으랴, 왜적이 우리나라를 업신여길 줄.

처음에 통신하자는 달콤한 말을 하더니, 나중엔 길을 빌리라는 어려운 청을 내는구나. 이웃으로 사귀는 건 할 수 있는 일이로되 상국을 범하는 것은 어찌 따를 수 있으리요. 우리가 군사를 불러들임 아니요, 저들이 독을 냄이라. 이에 온 병력을 기울여 우리 강토를 침범하니, 만 척의 배가 고리처럼 이었고 기다란 창이 햇빛에 번쩍이누나.

교전한 지 한 달이 채 못되어, 화는 옛날 진(晉)나라 사람이 남으로 쫓겨남보다 참혹하고, 파죽의 형세가 이미 도성에 미치매, 저 당나라 명황이 서촉으로 들어감보다 급하구나.

도정에서 군대를 버리고 간 이보 같은 이도 있건마는, 웅구에서 군사 일으킨 장순 같은 이는 없구나. 방 태위는 여러 군데 힘을 싣고자 하여 왕자들을 각도에 분산시켰고, 악소보는 일찍이 세자를 정하자 하여 민심을 동궁에 모았었네.

우리 북방은 왕업의 옛터요 험준한 지역이라, 백성들은 아들같이 사랑해주는 덕을 그리매 응당 임금 받들 줄을 알 것이요, 오랑캐들은 알처럼 품어주는 어짊을 느끼매 어찌 우리나라를 잊을 수 있으리오. 지리는 태산과 준령이요, 물산은 준마와 무사라, 이제 장정한 왕자가 오시매 늙은 재상이 보호하네.

곽자의는 북방의 정병을 가졌거늘 어찌 감히 국란 구원을 게을리할 것이며, 충사도는 산서의 용장을 거느렸기로 마땅히 적을 침에 앞서야 했네. 한번 북쪽이 험지를 잃고 서쪽 길이 통하지 않아, 각처 장사를 모을 길 없으니 누구랑 함께 걱정할 것이며, 파천하신 임금을 위문할 이 끊겼으니, 내 할 일이 무엇이랴.

진의중은 도망을 갔고 화원은 병이라 칭탁하니 말만 들어도 울겠거늘 그 어떤 심사던고. 위에서는 어진 이, 능한 이를 뽑아 쓰고 문무를 숭상하여 나라 걱정을 오히려 즐거운 때에 더했고, 군사 훈련을 항상 태평한 날에 익혔건만 장차 하늘의 뜻이 우리 국운을 끊으려 함인가? 아니면 사람 제가 타고난 본성을 잃었음인가?

눈을 떠보라! 험준한 산하라고 믿을 것 무엇이며, 마음 아프네! 허울 좋은 방백·수령 어떻게 신하라 하겠는가? 그대들은 혹은 왕

정문부 평전

실의 친척이요, 혹은 공신의 자손이며, 혹은 재상의 반열에서 감사가 되었고 혹은 시종을 거쳐 원이 된 이며, 총애받은 고관으로서 쫓겨난 이는 아니요, 녹을 먹은 신하로서 몰라준 일 없잖은가?

황금 띠 비껴 띠고 붉은 일산 세웠으니, 다시는 없는 영광인데 붉은 충성 드러내고 흰 칼날 무릅쓰며 죽음인들 마다할 소냐?

너희 군민과 부로들에게 깨우치노니. 조정의 끼친 은혜 사라지지 않았으니 반드시 단번에 적을 쓸려 할 것이요, 군신의 대의가 엄연히 살았으니 저절로 소문 듣고 따르는 자 있으리라.

진나라 맹명은 세 번 패한 나머지 공을 이루어 지나간 허물을 다 씻었고, 은나라 소강은 몇 안 되는 군사로 나라를 중흥시켜 작은 고을에서 큰 공을 이루었네. 저 왜적은 무도한 것으로써 우리의 어짊을 대항하는 것이라. 형세로 말하면 저들이 객이요, 사리로 따지면 우리가 바르거늘, 비록 독사의 독을 피울지라도 반드시 고래의 죽음을 받을 것이다.

천도로 말하면, 회오리바람과 소낙비는 하루아침을 다 못 가고, 겨울 뒤에 봄이 옴은 제대로 차례가 있으며, 인도로 말하면 무기만 믿는 잔인한 짓은 제 망하는 길이요, 군사를 몰아 깊이 들어옴은 패할 형세니, 천도 인도 헤아려서 지고 이김 판단하고, 격문 한 장 던져 날려 동지들께 고하노라.

임금 수레 어디로 갔나, 들어와 호위하는 이 안 보이고, 우리 서울 누가 지키나 군사 몰고 강을 건넌 이 듣지 못했네.

조정에선 신하 대접 어떠했는데 신하들 은혜 갚음 이 꼴이던가? 귀한 건 의리요, 사랑할 건 나라거니, 깊은 골 숲속에선 한때 목숨 건질망정, 푸른 하늘 햇빛 아래 백 년 신세 용납되랴.

어허! 너희 부로들아. 나라가 망하면 집인들 온전하며, 아비가 있는데 자식이 어디 가랴. 너희 자제들에게 간곡히 타일러서 우리 나라를 져버리지 말게 하라.

공과 업을 이룰 수 있거니, 장수·재상 따로 있나. 하물며 이제 하늘이 재앙 내림 뉘우치고 절서는 첫가을이라, 북방이 일찍 차므로 남에서 온 적이 힘 못 쓰는데, 말은 살찌고 활은 굳세어 군사들 용맹을 떨칠 때요, 학 울음 바람 소리에 적들은 기운이 꺾이리라.

우리는 얼마 안 될망정 충성된 이를 모아, 한쪽 지방에서나마 의열을 격려하노니 힘은 약하고 성은 외로워, 비록 만전의 형세는 없을지라도, 명분이 바르고 말이 옳으니 한번 승첩을 기약하리라. 서로 시기를 말고 부디 강개한 이 뜻을 살펴주시라.

제공은 각각 병마를 거느리고, 쓸어버림 기약하라. 공정한 공로 표창은 조정에서 잘하리니 아녀자 생각으로 대장부 할 일을 그르치지 말라.

아! 무겁고 가벼운 것 판단하고, 취하고 버릴 일 결정하여, 처자까지 죽이는 일을 저지르지 말고 자손만대에 영화를 끼치시라. 나라의 법전은 엄하고 나는 두 번 말하지 않겠노니 모두 일심 합력하여 이 격문을 어기지 말지어다.

(이 글은 충주 허창의 집에서 얻은 것이다. 대개 창의 고조부인 부사 제는 글씨를 잘 쓰던 사람으로, 일찍이 정문부 선생의 이 격문과 한신을 대장으로 임명하는 교서를 썼었는데, 그 자손이 보배로이 간직하여 전해 내려온 것이다. 글

끝에 "정모는 다시 격한다"고 한 것으로 보아 그 첫 번 격문이 있었던 것이 분명하지만, 구해 얻어 같이 실어 전할 길이 없으니 자못 유감된 일이다.) (『농포집』)

정문부 신도비명 및 서문

대제학 황경원 지음
이조판서 이종우 씀
예조판서 서승보 전자 씀

〈유명조선국 가선대부 전주부윤 전주진명마절제사 증숭정대부 의정부 좌찬성겸 의금부사 홍문관대제학 예문관대제학 지경연춘추관성균관사 오위도총부도총관 충의정공 신도비명병서〉

〈자헌대부 예조판서 홍문관대제학 예문관대제학 지성균관사 동지경연사 세손좌부빈객 황경원 찬〉

〈정헌대부 이조판서 겸 홍문관제학 경연일강관 이종우 서〉

〈통정대부 승정원우승지 겸 경연참찬관 춘추관수찬관 서승보 전〉

현종 6년 12월 무인일에 대광보국 숭록대부 의정부 영의정 겸 영경연 홍문관 춘추관 관상감사 세자사 신 정태화(鄭太和)가 아뢰

기를

"왜놈 청정이 북쪽 방면으로 침입하여 성곽을 불태우고 소하강 동북쪽에 있던 말갈이 날쌘 기병으로 무산과 부령 등의 땅을 유린할 때, 병마평사 정문부가 의병을 이끌고 가등청정을 토벌하여 육진 밖에서 적의 기를 빼앗고, 백탑교외를 적의 피로 물들이며, 위엄으로 말갈을 굴복시켜 변경을 온전하게 하고 오랑캐의 기를 꺾어서 빛나는 공훈을 세웠는데, 이는 만력 이래로 이제껏 선무장군들에게도 유례가 없던 일입니다. 사직이 안정되었을 때 원수의 천거를 받았으나, 오히려 다른 사람의 무고로 투옥되었으며, 또 역사를 읊은 이른바 영사시 때문에 옥중에서 죽고 말았으니, 신은 적이 이를 슬피 여기는 바입니다. 왜놈 소서행장이 서쪽 방면으로 침입하니, 신종황제가 대장군 이여송에게 명하여 오만의 군사로 평양성에서 왜놈들을 공격하게 하였으니, 북방의 산천은 멀리 떨어져 있어서, 신종황제도 구제할 수 없었고, 대장군도 어찌 해볼 도리가 없었습니다. 그러나 정문부는 일개 병마평사로서 육천여 병력을 모아 힘써 싸워서 왜놈들을 물리쳐, 북방의 22개 주를 수복하였습니다. 그러나 이런 큰 공적에도 불구하고 작의를 받기는커녕 오히려 죄도 아닌 죄로 죽임을 당하고 말았으니, 이 어찌 애통한 일이 아니겠습니까. 신은 생각건대 마땅히 해당 관에 명하여 정문부에게 작위를 추증하여 북쪽 사람들의 마음을 위로해야 할 것입니다."

라고 하니, 상이 '숭정대부 의정부좌찬성 겸 판의금부사 홍문관대제학 예문관대제학 지경연춘추관성균관사 오위도총부도총관'

을 추증하였다.

공의 성은 정씨, 자는 자허, 본관은 해주이다. 젊어서 갑과로 급제하여 한성부참군이 되고, 외직으로 나가 함경북도 병마평사가 되었다. 만력 20년(1592년, 선조 25년)에 풍신수길(평수길)이 반역하여, 6월에 가등청정이 북방으로 침입하니, 회령부의 향리인 국경인이 왕자 임해군과 순화군, 남도 병마절도사 이영 등을 사로잡아서 군중에 가두었다가 임민(林珉)더러 가등청정에게 바치게 하였다. 며칠 뒤에는 국경인의 숙부인 국세필이 경성에서 반역하고 말수 명천에서 반역하여 가등청정의 수족이 되어서 북방을 크게 어지럽혀 절도사 한극함과 우후 이범 등을 포박하여 가등청정을 영접하니, 육진으로부터 함관령에 이르기까지의 천여 리가 모두 왜놈들의 차지가 되었다.

이에 공이 비밀히 경원부사 오응태와 경흥부사 나정언 등과 경성으로 들어가서 북방을 회복할 도모를 하였으나, 사람들이 국세필을 두려워하여 모두 흩어져서 다시는 모을 수 없었다. 그래서 공은 여기를 떠나서 해진 옷을 입고 구걸을 하면서 부령의 정암산으로 들어가서 오래 있다가, 용성에 이르러 무격 한인간의 집에 의지하게 되었는데, 한인간이 빤히 쳐다보다가 "누군가 했더니 병마평사가 아니십니까" 하고 후히 대접하였다.

8월에 공이 포의 최배천·지달원 2인과 함께 혹은 서로 업고 혹은 서로 손으로 끌면서 사잇길을 따라서 남으로 무계에 이르렀더니, 무계의 처사 이붕수가 공을 보고 크게 기뻐하여 그의 집으로 데리고 갔다. 한 달을 머무르다가 공이 배로 도남 쪽으로 내려가려

하니, 이붕수가 개연히 공에게 말하기를, "제가 왜놈들을 토벌하고자 하여 은밀히 열사 중 장수가 될 만한 자를 찾고 있었으나 그 적임자를 아직 얻지 못했습니다. 지금 공이 여기 오셨는데, 이는 하늘이 우리 북방을 돕는 것입니다." 하고, 공을 머무르게 하고 의병을 모으니, 경성의 장사 강문우와 경성부사 정현룡이 선봉이 되기를 원했으며, 충숙공 서성도 합류하였다. 이붕수는 스스로 군량을 책임졌을 뿐 아니라, 틈틈이 길주로 가서 왜놈 군중의 허실을 살폈다. 이때에 가등청정이 안변에 주둔하면서 국세필과 끊임없이 첩자로써 연락하므로, 공이 이를 걱정하여 강문우에게 기병 몇몇을 데리고 가서 도중에서 맞이하여 모두 죽이게 하였더니, 첩자들의 왕래가 드디어 끊어졌다.

정현룡 등이 공에게 대장군의 군호를 세울 것을 권하니, 공이 하지 않으려 하는데, 이붕수가 눈물을 흘리며 간청하니, 이에 허락하였다. 사람들이 공을 추대하여 대장으로 삼고, 정현룡과 오응태를 차장으로 삼으니, 공이 나이도 적고 지위도 낮다 하여 대장의 자리를 정현룡에게 사양하였으나, 정현룡이 자기는 감당할 수 없다 하고 고사한 데다, 장졸들도 공을 따르기를 원했다.

이때에 말갈족이 소하강을 넘어와서 훈융·아산·무이·조산 네 진을 습격하여 사람들을 죽이고 노략질하였다. 공은 이 일로 인하여 의병의 주맹이 되어서 즉시 국세필에게 사자를 보내어 힘을 합쳐 변경을 막자고 하였다.

9월에 공은 어랑리로부터 유정으로 이동하여 주둔하였는데, 또 사자를 보내서 국세필과 경성부 안에서 회동할 것을 요청했다. 국세필이 많은 병력을 거느리고 기다렸는데, 공이 휘하 백여 기를 인솔하여 경성부 안으로 들어가서 무엇이 이롭고 무엇이 해로운가를 반복해서 일러주니, 국세필이 공을 두려워하여 감히 난동하지는 못하고 친족을 공의 곁에 있게 하면서 살피게 했다. 이때에 공에게 국세필의 목을 벨 것을 권하는 자가 있었다. 국세필이 그 소식을 듣고 크게 두려워하였는데, 공이 밤에 다른 사람들을 물리치고 국세필과 더불어 경성부의 일들을 말하면서 아무런 일도 없었던 듯이 하니, 국세필이 매우 기뻐하였다. 얼마 뒤 왜놈 90여 명이 밤중에 성 아래에 접근하였는데, 공이 장졸들에게 공격하여 목을 베게 하였는데, 이때에 국세필과 그의 아들도 왜놈들을 사로잡았다. 공이 그 공을 기록하여 장계로 조정에 올리려 하니, 국세필은 더욱 기뻐하여 스스로 안도하였다. 공이 또 경성부의 반역한 병사 중에서 일찍이 자기를 활로 쏘았던 자를 자신의 비장으로 삼으니, 육진의 장수와 병사들이 감격하여 휘하가 되기를 원하였다.

그로부터 얼마 안 있어 회령 땅의 제생인 오윤적이 공의 도의적 행실에 감복하여 경성부 학교에서 말하기를, "국경인을 참수해야 한다." 하였다. 이에 경성부의 의사 신세준이 호각을 부니, 사졸들이 모두 모였고, 제생 운립 등 6인이 사졸들에게 국경인 및 그 의자(義子) 최린수 등을 참수하게 했다. 겨울 10월에는 명천의 사민이백 인이 말수의 군대를 토벌하여 대패시켰고, 경성부의 의사 김천년이 말수 및 그 무리 장응호 등을 사로잡았다. 이리하여 남북이 통하게 되니, 병사들을 징집함에 조금 모였다. 이튿날 공이 대장기를 세우고 남문루에 올라서 국세필 등 13인을 결박하여 모두 참수하고 군중에 조리를 돌리니, 이에 공의 위엄과 명성이 북방을 진동시켜, 여러 곳의 자제들로서 모집에 응한 자가 육천에 이르렀다.

공이 여러 장수들과 출병을 의논하였다. 정현룡이 말하기를, "왜놈들의 군세가 지금 예사롭지 않으니, 지금 상대해서는 안 될 것입니다. 마땅히 경성을 지키면서 그들의 틈을 엿보아야 할 것입니다." 그러자 공이 격분하여 이르기를, 내가 의병을 일으켰던 것은 본래 나라를 위하여서일 뿐입니다. 지금 한 성만을 지켜서 나가서 싸우지 않는다면, 규방의 아녀자들과 뭐 다를 게 있겠습니까." 하고, 병력을 삼위로 나누어 영강역을 출발하여 몇 리를 갔다. 그때 어떤 사람이 달려와서 보고하기를, "왜놈들의 군세가 성대하여, 공께서 그들과 싸우시면 반드시 불리할 것이니, 마땅히 성을 지켜서 자신을 보호해야 할 것입니다." 하였다. 공은 분노하여, "너는 왜놈들을 위하여 우리 군을 막으려는 것이냐." 하고 바로 그 자리에서 그자의 목을 베어서 깃발 위에다 매달았다. 명천에 주둔하여, 방원병마 만호 한인제를 복병의 장수로 삼고, 또 종사 원충서에게 정예병력을 이끌고 길주 북쪽 30리쯤 주둔하게 하여 왜놈들과 바닷가에서 싸우게 하였다. 선봉에 선 장수 2인의 목을 베니 왜놈들이 도망을 가는데, 원충서가 승리의 여세를 몰아서 추격하여 장평에 이르니, 왜놈 직정과 그 장수 도관여문이 복병을 이끌고 죽을힘을 다하여 싸우므로, 강문우와 원충서가 좌우로 나누어 용기를 내서 힘써 싸우지 않음이 없었다. 직정은 하는 수 없어서 말에서 내려 싸우기를 신시(오후 4시)부터 술시(저녁 11시)까지 하였으나, 사방에서 화살이 마치 우박처럼 쏟아지니, 왜놈들이 힘이 다하여 높은 곳으로 올라가는데, 강문우와 원충서의 군대가 앞뒤에서 협공하니 직정의 군대가 궤멸하여 마침내 북쪽으로 달아났다. 강문우는 이들을 장덕산까지 추격하였다. 도관여문도 화살 십여 대를 맞고 달아나는데, 복병이 사방에서 나와서 대파하여 그 괴수 5인을 죽였고, 825명의 목을 베었다. 그 나머지 도망하여 산중으로 들어간 자들은 불을 놓아서 태워 죽었으며, 화살을 맞고 낭떠러지에 떨어져 죽은 자는 이루 헤아릴 수 없을 정도다. 병마 118필을 빼앗았고, 또 깃발과 창극 갑옷을 획득한 것이 매우 많았다.

11월에 병력을 합하여 길주를 포위했으나, 왜놈들이 견고히 지켜서 함락시킬 수 없었다. 공은 "우리가 급하게 공격하면 살상자가 반드시 많이 나올 것이니, 먼저 영동 지방을 공격하는 것이 낫겠다. 영동 지방이 평정되면 길주는 고립무원에 빠질 것이니, 새장 속의 새와 다를 것이 없다." 하고, 바로 즉시 병력을 쌍개포로 옮겨서 직정과 대치하였다. 정예의 병력으로 공격하여 압해정 아래에서 드디어 왜놈들을 대파하였으니, 차수한 수급이 백여 개에 달하고, 시신이 사방 15리에 걸쳐 너부러졌다. 공이 다시 길주로 진격하여, 이튿날 격문을 쏘아 보내니 성안의 왜놈들이 두려워서 모두 도망갔다.

12월에 공은 국세필을 벤 공으로 특별히 통정대부에 올랐으나 관찰사 윤탁연이 공의 공적을 시기하여, 이에 공문을 보내어 공을 대장직에서 면직시키고 정현룡으로 대신하게 했다.

이때 마침 정 도사가 공에게 육진을 순행하여 말갈을 회유하게 하였는데, 공이 휘하 50인을 데리고 군현을 돌면서 죄 있는 자는 처벌하고 유공자는 표창하여 모든 일 처리를 적절하게 하니, 말갈이 두려워하면서도 좋아하여 자발적으로 서로 타일러서 잡아간 우리 사람들을 모두 돌려보냈다. 이에 공이 술과 음식을 차려서 그 추장 2인을 초대하여 대접하면서 따뜻한 말로 회유하니, 선춘·운두 이남으로부터 동건·다온에 이르기까지의 여러 부족이 감히 다시는 변경을 침입하지 않았다.

윤탁연이 공을 면직시키고부터 사람들이 불평하여 육천의 자제들이 대부분 흩어져 떠나가니, 윤탁연이 비로소 두려워하여 다시 공을 대장으로 삼았다. 이듬해 정월에 공이 단기필마로 치달려 길주에 이르니, 육천의 자제들이 공이 돌아온 것을 보고 용기백배하였으며, 흩어져 떠났던 자들도 모두 다시 모였다.

단천군수 강찬이 공에게로 와서 이르기를, "왜놈들이 군 안에 횡행하니, 공께서 병력을 나누어 토벌해주기를 바랍니다." 하였다. 이에 공은 정예의 기병 이백을 뽑아서 네 분대로 나누어 성 아래에 매복시키고, 단천군의 군사들로 하여금 싸움을 걸어서 거짓 패주하게 하였는데, 왜놈들이 패주하면서 대포를 쏘았으나 모두 적중하지 못했다. 공은 힘써 싸워서 혹은 그 앞을 막기도 하고, 혹은 그 뒤를 차단하기도 하여 일백육십 급을 베었다. 닷새 뒤에 가등청정이 병력 이만을 이끌고 마천령을 넘어서 직정과 합세하여 북상하였는데, 공이 날랜 기병 육백을 이끌고 말에 채찍을 가하여 나아가면서 이르기를, "내가 나라를 위하여 싸우다 죽지 않는다면 충신이 아니다." 하니, 장졸들도 격동하여 감히 물러나는 자가 없었다. 하루 종일 육십 리를 공격하며 싸우다가 백탑교외에 이르러 날랜 기병으로 왜놈들을 정면으로 공격하여 대파하였는데, 흐르는 피가 들판에 가득했고, 화살에 맞아 죽은 자가 천여 구 이상이었다. 왜놈들이 시신을 실어서 성안으로 들어가 불을 놓아 태웠다. 밤에 가등청정이 성을 버리고 남쪽으로 허둥지둥 도망가니, 이에 북방이 비로소 깨끗해졌다.

공이 최배천을 보내어 첩서를 올리니, 선조는 눈물을 흘리며 공의 과실을 논렬하였으므로, 공은 등용되지를 못했다. 3월에 영흥부사에 제수되고, 온성부사로 바뀌었으며, 길주목사로 옮겨갔다. 이윽고 조정으로 불려 장례원 판결사가 되었는데, 북방 사람들이 상소하여 공의 공훈을 칭송하였으므로, 가선대부로 승진되었다.

광해군이 즉위했을 때 부사로서 명나라에 사신으로 갔다가, 이듬해에 돌아와서 오위도총부도총관, 병조참판으로 승진하였으나, 모두 취임하지 않았다. 공은 사람됨이 굳세고 대범하며 근엄하고 과묵했다. 광해군 조정에 취임하지 않기 위하여 술에 늘 대취해 있어서 손님들이 그의 얼굴을 볼 수 없었다.

인조가 즉위함에 원수로 천거되니, 공이 탄식하여 이르기를 "나는 장차 화를 면하지 못할 것이다." 하고 노모 봉양을 칭하여 전주부윤으로 나가게 되었다. 채 2년이 못 되어 다른 사람의 무고로 투옥되었다. 무죄이므로 당연히 석방되어야 했으나, 공을 미워하는 자가 영사시를 얻어서 중상모략하였다.

이 일이 있기 전 광해군 때 공은 시를 지어 초나라 회왕을 슬퍼

했는데, 그 뜻은 회왕이 무관으로 들어가자마자 민망이 이미 끊어졌거늘, 그 후손들이 또 어째서 회왕이라고 칭했던가 하는 것이었다. 뒤에 최내길이 이 시를 보고 세상에 전파하니, 공은 이로 인하여 죄에 얽혀 고문을 받아서 천계 4년(1624년, 인조 2년) 11월에 옥중에서 사망하였다. 향년 60세였다.

이듬해 양주 송산 유좌의 자리에 묻혔다. 숙종이 충의라는 시호를 내렸다. 칠대조 정도공 정역은 태조를 섬겼는데, 충근함으로 이름났다. 백증조 정희량은 벼슬이 예문관 봉교에 이르렀는데, 강에 빠진 척하여 사라졌으며, 그 이후 어떻게 생을 마쳤는지 알 수 없다. 아버지 정신은 내자시정이었는데, 예조판서에 추증되었다. 공의 배는 고령 신씨이니 봉사 신예의 여식이며, 정경부인에 추증되었다. 아들 둘이 있었으니 대영과 대륭이다. 대영은 생원이었다.

공이 졸한 지 42년째 되던 해에 병마평사 이단하 공이 북방의 일을 의논에 부치기를 "윤관 공이 구성을 처음 설치하고서부터 317년 뒤에 군현이 모두 몽고 치하에 들어갔는데 김종서 공이 그 땅을 회복하여 육진을 처음으로 설치하였다. 그로부터 161년 뒤에 군현이 모두 왜놈들의 수중에 떨어졌는데 정문부 공이 그 땅을 회복하였다. 이 3인은 그들의 노력으로 나라를 안정시켰으니, 법에 의거하여 마땅히 제사를 올려야 한다." 하니 이에 북방 사람들이 공의 사당을 무계에 세웠다. 숙종이 창렬이라는 이름을 하사하였다. 새기기를

정씨가 드러난 것은 정도공(貞度公)부터 시작된다

아득한 칠대조, 공이 그 뒤를 이었도다

병마평사에 제수되어 북방 원수를 보좌하니

변방의 선비들이 폐백을 올리지 않는 이 없었네

섬 오랑캐가 쳐들어오고 북쪽 오랑캐가 일어나자

세 반역자가 안으로부터의 호랑이의 우익이 되었도다

아득한 북문이 적의 수중에 떨어지고

변방 신하가 도적을 기른 것도 심한 수치였네

공이 의로운 군대를 일으켜 무계에서 일어나

힘찬 네 명의 선비가 북소리를 함께 쫓았네

인과 예를 갑옷으로 삼고 충신을 깃발로 삼아

원수를 도륙하고서 성에 진을 쳤네

저 장평의 적들을 유린한 육천의 무리는

백탑에 이르러 드디어 하늘의 토벌을 이루었네

북쪽 오랑캐들을 어루만져서 회유하니

모전과 갑옷 등을 바치며 왕의 덕을 칭송하였네

북방이 안정된 것은 누구의 공인가

아아, 변방의 신하는 도리어 충신을 헐뜯었네

빛나고 아름다운 시호가 내려지니 그 억울함이 펴졌네

영원히 의를 밝혀 드러내고자 이 돌에 새기노라

녹둔도(鹿屯島)

대동여지도 중 조산보와 녹둔도

　녹둔도는 두만강이 동해로 흘러드는 하구에 위치하며 조선 시대 변방 주민들의 삶의 근거지이며 수시로 약탈하는 여진족을 물리친 이순신 장군의 승전지로서 역사적으로 수많은 고서와 고지도에서 우리의 고유한 영역으로 기록되어 있는 지역이다. 면적은 여의도 면적의 두 배 정도로 추정된다.

녹둔도에 거주하던 조선인들은 1937년 스탈린에 의해 중앙아시아로 강제 이주되었고, 현재 하산(Khasan)을 제외하고는 녹둔도 일대는 사람이 거의 살지 않아 늪과 사구, 잡초가 무성한 황무지로 변화하였다.

녹둔도의 역사적 배경

녹둔도는 함경도 경흥부에 속하는 변방의 전초기지로서 상당한 면적의 경작지와 취락이 조성되어 있었던 지역이다. 녹둔도와 관련된 최초의 기록은 『세종실록지리지(世宗實錄地理志)』 경흥도호부 편에서 두만강을 설명하는 중에 두만강은 공주(孔州, 함경북도 경흥의 옛 지명)를 거쳐 동쪽으로 흘러 23리에 이르면 사차마도(沙次亇島)에 도달하고 여기서 강물이 나누어져 5리쯤 흘러 바다로 들어간다고 서술되어 있다.

여기서 사차마도는 녹둔도를 의미한다. 조선 초기까지 녹둔도는 사차마·사차·사혈(沙汉)·사마혈(沙亇汉) 등으로 불렸다. 사차마라는 지명은 야인 여진이 살고 있는 두만강 연안 지방의 방언으로 사슴을 의미하는 사아삼(沙兒參)에서 비롯되었다. 이후 육진의 개척과 더불어 북부 변경 지방을 정리할 때 녹둔도(鹿屯島) 또는 녹도(鹿島)로 통일된 것이다.

1448년 『세종실록』 30년에 녹둔도라는 명칭이 기록에 처음 등장하는데 의정부에서 병조(兵曹)의 첩정(牒呈)에 따라 병선(兵船)을

1872년 지방 지도. 관북 읍지 경흥부 지도에서 녹둔도는 두만강 북쪽 육지에 연륙되어 있다.

만드는 데 필요한 소나무를 관리하기 위해 연해(沿海) 지방에서 소나무가 잘되는 땅을 방문하여 장부에 기록하였는데 경흥부에서 소나무가 잘 자라는 곳으로 두이산과 녹둔도 두 곳이 기재되어 있다. 이후 『조선왕조실록』·『승정원일기』 등에도 자주 등장하고 각종 지리지·향토지 등 조선조에 제작된 대부분의 고지도에 수록되어 있다.

숙종 때에 이르러서는 녹둔도를 섬이 아닌 하천 퇴적지로 인식하기 시작했다. 녹둔도의 형태와 크기가 두만강의 활발한 퇴적작용으로 계속 확대 변화하여 마침내 두만강 좌안에 연륙되었다. 녹둔도는 오랜 기간에 걸쳐 두만강 하구에 조성된 넓은 퇴적지를 총칭하는 것으로 추정된다.

녹둔도의 역할과 기능

두만강 하구에 있는 녹둔도는 일찍이 두만강 좌안(左岸)의 여진족과 동해를 따라 올라온 왜구를 방어하는 군사 요충지로 조선조의 각종 기록 속에서 북방 변경 관리의 주요 거점으로 서술되고 있다.

『세종실록지리지』에서는 본포 수군 90명이 이 지역을 방수(防守)하여 여름이면 조산포의 수군이 동해로 침입하는 왜구를 방비하고 두만강 해안에 거주하는 여진족의 내륙 침입을 견제하는 군사적 요충지로 기록하고 있고[1] 『동국여지승람』에서는 녹둔도는 함북 경흥 관하의 관방소 중 조산보에 속하는 조산포 영과는 20리 거리로 병선(兵船)이 있었고 조산 만호 소관으로서 여름이면 본포인 조산포의 수군과 나누어 방비한다고 기록하고 있다.[2]

그 외 여러 기록에서 조산 구자(口子)[3]로서 녹둔도를 서술하고 있다. 녹둔도는 변방 방어의 거점인 동시에 경지가 부족한 함경도 경흥·조산 지역 주민과 변방을 지키는 군사들의 식량 공급지인 둔전(屯田)이 설치되어 있었다. 조산포 지역 농민들이 봄에 배를 타고 녹둔에 들어가서 농사를 짓고 가을에 추수하여 본토로 돌아오는 춘경추귀(春耕秋歸)의 형태가 이루어졌다.

『세조실록』에는 "오랑캐들이 들어와 약탈을 벌일까 염려되니 방

1   이기석 외, 『두만강하구 녹둔도 연구』, 서울대출판문화원 2014.
2   이기석 외, 『두만강하구 녹둔도 연구』, 서울대출판문화원 2014.
3   변방 국경지대인 압록강과 두만강 연안에 있는 요지에 군사시설을 갖춘 작은 관방을 말한다.

어를 더욱 엄밀히 하라"는 기록도 있다.[4]

녹둔도 사건

이순신 장군은 임진왜란 전인 1587년 42세 때 조산보(현재 함경북도 나선시) 만호(萬戶)[5] 겸 녹둔도 둔전관으로 부임했다.

1587년 선조 20년 9월 추수기에 여진 부족이 녹둔도에 몰래 침입하여 책루를 지키던 수장과 방비하던 군사 11명을 살해하고 160여 명의 군민을 납치하고 15필의 말을 약탈해 가는 사건이 발생하였다.

당시 경흥부 부사 이경록과 방술 책임자로서 녹둔도 둔전관을 겸직하였던 조산 만호 이순신 장군을 선봉으로 조선군이 반격하였으나 아군의 피해가 막심하였다. 이 사건으로 이순신 장군은 징계를 받게 되고 이후 이순신 장군은 백의종군으로 북병사 이일을 따라 녹둔도를 정벌하고 큰 공을 세워 사면을 받는다. 이러한 이순신 장군의 활약상을 그린 그림이 앞장의 〈북관유적도첩〉의 〈수책거적도(守柵拒敵圖)〉이다.

"1589년(선조 22) 정해년에 순찰사 정언신이 녹둔도에 둔전을 설치하고 조산만호 이순신으로 하여금 그 일을 관장하게 하였다.

---

4 『세조실록』 권2, 1년(1455년) 8월 10일.
5 만호는 본래 그가 통솔하여 다스리는 민호의 수에 따라 만호·천호·백호 등으로 불리다가 점차 민호의 수와 관계없이 전장의 품계와 직책으로 변하였다. 『경국대전』에 따르면 함경도에는 3인의 만호가 있는 것으로 되어 있다.

〈북관유적도첩〉 중 〈수책거적도〉 (출처: https://blog.naver.com/ilovewood/222601181099)

　가을에 이르러 수확할 때가 되자 주변에 살던 여진족 오랑캐의 여러 추장과 내륙 깊은 곳에 살던 추장 을지개 등이 무리를 불러 모아 추도에 군사를 숨겨 두었다. 그러다가 수비군이 얼마 되지 않고 약한 농민들이 들판에 퍼져 일하자 무리를 일으켜 돌입하였다.

　먼저 기병으로 하여금 목책을 포위하게 하고 노략질을 하였다. 이때 목책 중의 군사는 모두 들에 나가고 머릿수가 얼마 되지 않아 지탱하기 어렵게 되었다. 여진족 추장 마니응개가 참호를 뛰어넘어 목책 안으로 들어오려 하였다. 이때 목책 가운데서 한 화살이 날아가 마니응개를 쏘아 거꾸러뜨리니 적의 무리가 패주하였다. 이순신은 목책을 열고 추격하여 잡혀간 농민들을 빼앗아 돌

장양공 정토 시전 부호도. 조선 전기 함경도 지역을 침략하던 여진족 시전 부락을 징벌하는 모습을 그렸다. (출처: https://blog.naver.com/jangyang-gong/223495324255)

아왔다."

후에 이순신 장군의 이 공적을 기려 충무공의 5대손 이관상이 영조 38년에 관북 절도사로 부임하면서 녹보파호비(鹿堡破胡碑)를 세우게 된다. 녹둔도가 바라다보이는 함북 경흥군 도서면 조산동 전승대에 지금도 남아 있다고 한다. 그리고 이순신사령부가 있던 조산진성이 현존하고 있고 옛 녹둔도 지역에는 녹둔도 전투의 현장인 녹둔토성이 존재한다는 사실이 15세기의 『동국여지승람』부

북한 조선중앙TV가 찍은 녹보파호비의 2015년 영상[7]

터 『고종실록』에 이르기까지 여러 문서에 기록돼 있다.[6]

임진왜란의 두 영웅 중 함경도에서 활동하였던 정문부 장군의 발자취는 남쪽 곳곳에 남아 있고 남해안 일대에서 활동하였던 이순신 장군의 발자취는 이곳 북한에도 남아 있는 것이다.

러시아로의 영속과 반환 문제

녹둔도는 두만강의 흐름과 퇴적 작용으로 러시아 쪽으로 연륙하는 현상을 보이고 영국과의 아편전쟁에서 패한 중국(청)은

---

6 배민욱(공감언론 뉴시스 기자), 2019. 12. 8.

7 김석(stone21@kbs.co.kr), 「녹둔도 전투를 승리로 이끈 이순신의 승전 기념비」 2021. 3. 24.

러시아의 중재로 간신히 위기에서 벗어나자 그 대가로 연해주를 1860년 북경조약으로 러시아에 할양하게 된다.

1861년 홍개호 계약에 따라 녹둔도는 부당하게 러시아 영토로 귀속하게 된다. 러시아로 영속된 후에도 녹둔도의 거주민은 여전히 조선인이었으나 1937년 스탈린에 의해 조선인은 강제 이주 당한다. 녹둔도 영속 문제는 통일 후 제기되어야 할 국경 영토 문제임이 틀림없으며 사료의 분석 결과 역사적·지리적 측면에서나 국제법상으로 볼 때 우리 고유의 영토임을 주장할 수 있는 근거가 확실하므로 이에 대한 대비책이 강구되어야 할 것이다. 대한제국 정부 수립 이후 정부는 러시아에 대해 녹둔도 반환 요구를 하였으나 을사늑약으로 국권과 외교권을 상실하면서 교섭이 중단되었고 일제 식민지를 거치면서 녹둔도 귀속 문제는 방치된 것이다.

녹둔도는 간도와 더불어 장차 통일 한국이 되찾아야 할 미수복 우리 영토이다.

호류지(法隆寺)의 백제 관음불상

북관대첩비는 남북이 힘을 합쳐 일본으로부터 반환받았지만, 일본에 남아 있는 우리의 문화재 중 또 하나의 위대한 역사적 보물인 백제 관음불상에 대해서는 우리 국민이 거의 대부분 모르고 있는 경우가 많아 여기에 그 기록을 남겨두고자 한다. 지금으로부터 30여 년 전인 1995년에 필자가 은행 신탁부에 근무할 때 일본 다이와증권의 초청으로 약 2개월간 도쿄에서 채권 연수를 받을 기회가 있었다. 이 무렵 그 유명한 고베 대지진이 일어나서 삼성물산 오사카지점에 근무하고 있던 친구 유병승의 집을 주말을 이용해 방문하여 혼자 고베·나라·교토·오사카 등지를 방문 및 여행할 기회가 생겼다.

고등학교 역사책에서 배웠던 고구려 담징이 그렸다고 전해지는 금당벽화를 보기 위해서 호류지를 방문하였는데 금당벽화를 제대로 찾지 못해 실망하고 있던 차에 백제 관음불상을 보전하기 위해 성금을 모은다는 안내 표지판이 있는 것을 보고 화살표를 따라 이리저리 따라갔더니 안쪽 후미진 목조 건물 안에 필자의 키보다 훨씬 큰 높이인 2m 10cm의 목조 백제 관음불상이 흡사 늘씬

정문부 평전

한 여성처럼 쭉 뻗은 자세로 필자를 내려다보고 있었다.

그 순간 갑자기 숨이 턱 막히면서 나도 모르게 울컥했던 기억이 지금도 생생하다. 아마도 조소앙 선생이 북관대첩비를 마주하게 되었을 때 그 심정과도 비슷하지 않았나 감히 생각해본다. 그때까지 호류지에 이렇게 훌륭한 백제 관음불상이 보존되고 있다는 사실을 역사책에서 보거나 들은 적이 없었다. 오늘날 일본의 실질적인 국보 1호로 일본 각지에서 일본인들의 나라의 호류지를 찾아가는 것은 이 백제 관음불상을 보기 위해서이다. 그만큼 일본인들의 찬양을 받고 있는 것이 백제에서 건너간 이 관음불상인 것이다.

그때의 감동을 잊지 못해 2018년도에 백제 관음불상을 한 번 더 만나보기 위해 호류지를 재방문하였다. 모든 것이 변해서 백제 관음불상을 찾을 수가 없어 한참을 헤매다 보니 1995년 당시부터 모은 성금으로 보물전을 지어 그 속에 모셔두고 있는 것을 발견하였다. 안내서에는 백제라는 표현은 그 어디에도 없고 일본의 아스카 문화를 대표하는 유물이라고만 표시되어 있었다.

백제 관음불상은 백제의 불상 조각가가 한 둥치의 녹나무로 만든 입상이다. 녹나무는 좀약을 만드는 방충제의 원료가 되는 목재로 벌레가 먹거나 쉽사리 썩지 않는 특징을 갖고 있다. 백제인이 슬기롭게 만든 이 녹나무 불상이 장장 1,300여 년을 지나 일본의 터전에서 줄기차게 버티고 있던 것이었다. 그런데 일본은 한국에서는 녹나무가 자생하지 않는다고 하고 본래부터 고대 일본 특산 나무를 가지고 만든 불상이라고 하며 이러한 주장을 담은 논문을 1971년에 발표하고 이것을 근거로 이 백제 관음불상이 백제에서

보통 '구다라관음(百濟觀音)'이라고 불리는 이 불상은 왼손에 들고 있는 정병 때문에 '술 사러 가는 관음'이라는 애칭이 붙어 있기도 하다.

건너온 것이 아니라고 주장하고 있다.

그러나 우리나라에서도 녹나무가 자생하고 있고 호류지 고문서에 "백제에서 건너왔다"는 기록이 분명하게 남아 있는데도 일본은 대외적으로 '의심할 여지 없이' 일본에서 제작되었다고 거짓 주장하고 있다.

정문부 평전

프랑스의 지성 앙드레 말로가 "일본열도가 침몰할 때 단 하나만 가지고 간다고 하면 이것을 택하겠다"고 한 것이 이 백제 관음불상이다. 또한 8·15 해방 이후 우리 정부가 요청했던 '한국 문화재 반환 청구 제1호'가 이 백제 관음불상이다.

나라에 위치한 호류지에 방문할 기회가 있다면 꼭 한번 이 백제 관음불상을 만나보길 바란다.

참고 문헌

단행본

국립진주박물관, 『동아시아 7년 전쟁 임진왜란』, 국립박물관문화재단, 2019.

김경환, 『새로 쓴 동양사』, 주류성출판사, 2021.

김돈, 『뿌리 깊은 한국사 샘이 깊은 이야기 4. 조선 전기, 5 조선 후기』, 도서출판 가람기획, 2014.

김동철, 『우리가 꼭 한번 만나야 하는 이순신』, 도서출판 선, 2018.

김시덕, 『그들이 본 임진왜란』, 도서출판 학고재, 2012.

김시덕, 『그림이 된 임진왜란』, 도서출판 학고재, 2014.

김시덕, 『일본인 이야기 1. 전쟁과 바다』, 메디치미디어, 2020.

김영기, 『남명 조식과의 대화(경남의 역사적 이해)』, 대영문화사, 2021.

노산 이은상, 『국역 농포집』, 해주정씨송산종중(충의공파), 1999.

류성룡(오세진·신재훈·박희정 역해), 『징비록』, 홍익출판사, 2015.

류정화·한의수, 『북관대첩비』, 북코리아, 2019.

박시백, 『조선왕조실록 10 선조실록』, 휴머니스트출판그룹, 2007.

박희봉, 『교과서가 말하지 않은 임진왜란 이야기』, 논형, 2014.

신병주, 『조선 평전』, 글항아리, 2014.

안국승, 『임란 의병장 충의공 정문부』, 의정부문화원, 1999.

오쿠보 준이치(이연식 옮김), 『우키요에』, 에이케이커뮤니케이션즈, 2021.

오희문(신병주 해설), 『한 권으로 읽는 쇄미록』, 사회평론아카데미, 2020.

유성운, 『리스타트 한국사 도감』, 이다미디어, 2020.

유홍준, 『유홍준의 국보순례』, 눌와, 2011.

이기석·이옥희·최한성·안재섭·남영, 『두만강 하구 녹둔도 연구』, 서울대출판문화원, 2014.

이봉수, 『이순신이 지킨 바다』, 시루, 2021.

이우각, 『조선 역사의 비밀(상·하)』, 신진리탐구, 2022.

이우상(최진연 사진), 『조선왕릉 잠들지 못하는 역사』, 다할미디어, 2008.

임도혁, 『의병은 살아 있다』, 가디언, 2024.

정규섭·정문근 편저, 『임진왜란과 충의공 농포 정문부 선생』, 인쇄문화출판사, 1996.

최관·김시덕, 『임진왜란 관련 일본 문헌 해제』, 도서출판 문, 2010.

최영희, 『정문부묘역 활성화를 위한 연구』, 의정부문화원, 2014.

최홍식, 『그림으로 본 조선력사 관북의병장 정문부』, 조선출판물수출입사, 2004.

표학렬, 『카페에서 읽는 조선사』, 삼신문화, 2020.

하강진, 『진주성 촉석루의 숨은 내력』, 도서출판 경진, 2014.

한국문화연구회, 『조선왕조 오백년 실록』, 늘푸른소나무, 2017.

한명기, 『임진왜란과 한중관계』, 역사비평사, 1999.

해주정씨대종친회, 『해주정씨종보』, 2022(통권 43호), 2023(통권 44호).

현병주, 『수길 일대와 임진록』, 바오출판사, 2016.

홍양호 편찬(해천서당 편역), 『새로 풀어쓴 해동명장전』, 도서출판 박이정, 2014.

홍윤기, 『일본 속의 백제 구다라』, 한누리 미디어, 2008.

KBS 국권침탈 100년 특별역사다큐 제작팀, 『한국과 일본 2000년의 숙명』, 가디언, 2019.

논문

강보배·정준호, 「다중흐름모형(MSF)을 활용한 문화재 환수과정 분석-북관대첩비 환수사례를 중심으로-」, 『한국자치행정학보』 30, 2016.

김경태, 「이순신의 북방 지역 활동에 대한 사료적 고찰」, 『역사와 담론』 90, 2019.

김만호, 「임진왜란기 일본군의 함경도 점령과 지역의 동향」, 『역사학연구』 통권 38호, 2010.

김시덕, 「17-19세기 일본의 임진왜란 문헌에 수록된 삽화의 계통과 특성」, 『이화사학연구』 47, 2013.

김시덕, 「근세 일본 임진왜란 문헌군에 보이는 함경도 지역의 의병 활동에 대하여-〈기요마사 고려진 비망록〉의 분석을 중심으로」, 『한일군사문화연구』 제12권, 2011.

류주희, 「임진왜란을 전후한 윤탁연의 활동-〈북관일기〉를 중심으로」, 『한국사상과 문화』 28, 2005.

마연옥, 「임란 함경도 의병장 정문부-남충무 북충의로 일컬어지는 위대한 호국인물」, 『오늘의 한국』, 2015. 7.

문상명, 「1872년 지방지도에 나타나는 조선 후기 지역 사회의 특수성-함경도를 중심으로」, 『열상고전연구』 50, 2016.

박도식, 「북관대첩비에 보이는 함경도 의병의 활약상」, 『인문학연구』 13, 2006.

서수용, 「중호 윤탁연 연구」, 『동양예학』 24, 2011.

유영봉, 「농포 정문부의 시를 구성하는 두 개의 큰 축」, 『남명학연구』 17, 2004.

이기동, 「정문부-지방소외를 민족의식으로 승화시킨 문신 의병장」, 『광장』 156, 1986.

이상필, 「해주정씨 가문의 진주 정착과 학문 성향-남명학파와의 관련을 중심으로」, 『남명학연구』 17, 2004.

이영석, 「임진전쟁시 의병활동의 군사사학적 연구」, 『한국군사학논총』, 2013.

이장희, 「정문부의 의병활동」, 『사총』 21, 1977.

이정일, 「임진왜란 전반기 조명 군사 협력의 일단-함경도 일본군 퇴각과 관련하여」, 『한일관계사연구』 66, 2019.

정태섭, 「북관대첩 관련 사료의 재검토로 본 정문부 의병군의 인적 구성」, 『명청사연구』 27, 2007.

최문성, 「농포 정문부 선생 전기」, 『경남권문화』 23호.

기타

조선왕조실록 웹사이트(https://sillok.history.go.kr)

정문부 평전

우리가 잃어버린 구국의 영웅 충의공

초판 1쇄 2024년 12월 26일 발행

지은이 정한기
펴낸이 김현종
출판본부장 배소라 **디자인** 푸른나무디자인
마케팅 안형태 김예리 **경영지원** 문상철

펴낸곳 (주)메디치미디어
출판등록 2008년 8월 20일 제300-2008-76호
주소 서울특별시 중구 중림로7길 4
전화 02-735-3308 **팩스** 02-735-3309
이메일 medici@medicimedia.co.kr **홈페이지** medicimedia.co.kr
페이스북 medicimedia **인스타그램** medicimedia

© 정한기, 2024

ISBN 979-11-5706-389-5 (03910)